光明社科文库
GUANGMING DAILY PRESS:
A SOCIAL SCIENCE SERIES

·法律与社会书系·

社会引导机制研究

——基于生存理性、权益回溯与政府"纠错困境"

李超海 | 著

光明日报出版社

图书在版编目（CIP）数据

社会引导机制研究：基于生存理性、权益回溯与政府"纠错困境" / 李超海著 . -- 北京：光明日报出版社，2022.11

ISBN 978 - 7 - 5194 - 6919 - 1

Ⅰ . ①社… Ⅱ . ①李… Ⅲ . ①民工—工资—研究—中国 Ⅳ . ①F249.24

中国版本图书馆 CIP 数据核字（2022）第 214322 号

社会引导机制研究：基于生存理性、权益回溯与政府"纠错困境"

SHEHUI YINDAO JIZHI YANJIU：JIYU SHENGCUN LIXING、QUANYI HUISU YU ZHENGFU "JIUCUO KUNJING"

著　者：李超海

责任编辑：李月娥　　　　　　　　　责任校对：李佳莹

封面设计：中联华文　　　　　　　　责任印制：曹　净

出版发行：光明日报出版社

地　　址：北京市西城区永安路 106 号，100050

电　　话：010 - 63169890（咨询），010 - 63131930（邮购）

传　　真：010 - 63131930

网　　址：http：//book. gmw. cn

E - mail：gmrbcbs@ gmw. cn

法律顾问：北京市兰台律师事务所龚柳方律师

印　　刷：三河市华东印刷有限公司

装　　订：三河市华东印刷有限公司

本书如有破损、缺页、装订错误，请与本社联系调换，电话：010-63131930

开　　本：170mm×240mm

字　　数：192 千字　　　　　　　　印　　张：14

版　　次：2023 年 4 月第 1 版　　　　印　　次：2023 年 4 月第 1 次印刷

书　　号：ISBN 978 - 7 - 5194 - 6919 - 1

定　　价：89.00 元

目 录
CONTENTS

绪　论 ………………………………………………………… 1

　　第一节　研究背景 ………………………………………… 1

　　第二节　研究问题 ………………………………………… 4

　　第三节　研究目的与意义 ………………………………… 12

第一章　文献回顾与反思 ……………………………………… 18

　　第一节　文献回顾 ………………………………………… 18

　　第二节　文献总结与反思 ………………………………… 40

第二章　研究设计 ……………………………………………… 50

　　第一节　基本概念 ………………………………………… 54

　　第二节　研究思路与框架 ………………………………… 65

　　第三节　研究方法和过程 ………………………………… 69

第三章　劳动选择的代际差异：为谋生而劳动与为生活而工作 …… **77**

第一节　职业选择的代际关联：子承父业或两代同业 ……… 78

第二节　择业偏好的代际差异：传统工厂—封闭空间与弹性
就业—开放空间 ……………………………………… 89

第三节　劳动价值的代际差异：劳动—储蓄与工作—消费……… 104

第四章　权益回溯的代际差异：权益修复与利益扩展………… **120**

第一节　权益回溯的差异性表现：劳动权益的视角 ………… 122

第二节　权益回溯的代际立场与逻辑视角 …………………… 135

第三节　权益回溯与技术升级的耦合：新业态的吸纳………… 162

第五章　政府纠错与制度修复………………………………… **171**

第一节　从权益回溯到政府"纠错困境" ……………………… 171

第二节　政府纠错，如何理解"错" ……………………………… 176

第三节　政府纠错，如何进行"纠" ……………………………… 183

第六章　结论与建议…………………………………………… **188**

第一节　基本结论………………………………………………… 189

第二节　进一步的讨论…………………………………………… 195

第三节　对策建议………………………………………………… 200

参考文献………………………………………………………… **210**

附录一：访谈提纲……………………………………………… **216**

绪　论

第一节　研究背景

在寻找和解读社会现象、社会事实背后的普遍性规律和机制时，大多数研究往往只着眼于此时此地的社会设施和过程①（周雪光，2019），寻求背后的因果解释和作用机制；但在社会学想象力中，受限于现代时间观的视域②，历史和个人生活历程长期遭到忽视（成伯清，2015）。因此，不管是基于当前截面数据的定量研究，还是基于访谈资料的定性分析，还是定量研究和定性分析相结合的混合研究，更多是基于当前截面数据、当下访谈等进行的分析。随着近年来国内追踪调查数据库的推进，如北京大学的 CFPS（中国家庭追踪调查）、中国人民大学的 CGSS（中国综合社会调查）、中山大学的 CLDS（中国劳动力动态调查）等，

① 周雪光. 寻找中国国家治理的历史线索 [J]. 中国社会科学，2019（1）：89.
② 成伯清. 时间、叙事与想象——将历史维度带回社会学 [J]. 江海学刊，2015（5）：100.

越来越多的研究开始利用追踪数据着眼于长时段的研究和跨世代的分析①。一定程度上来看，时间尺度可以调整研究人员的观察焦距和角度，有助于发现事物间关联和过程及背后的机制，从而重塑研究问题（周雪光，2019），也有助于更细致地揭示问题背后的内在机理，形成更具解释力和科学性的结论和观点。同时，将历史维度带回社会学，可以生动地展示时间的异质性，揭示社会世界的事件性，以另外可能的想象来松动板结的现实，同时也为社会学走出目前困境探寻一条路径（成伯清，2015），从而可使社会学在处理时间维度上更具批判性和反身性。对于伴随着改革开放而出现的农民工群体而言，将个体的生命周期和较长时段的社会发展变迁历程相结合，有助于更好地理解这一群体的行为选择和发展变迁背后的内在机理和因果机制。

　　农民工是中国市场转型和社会变迁的产物，也是中国改革开放40多年来所涌现的新生社会群体，更是中国改革开放和现代化事业的建设者和参与者。不同于青年群体，也不同于市民阶层，其产生和演变具有明显的"路径依赖"②。在改革开放和中国融入全球化这一特定的初始条件下，农民工群体自身的生命历程、职业选择、劳动权益、社会流动、社会保障等的发展变化不可避免地受到已有进程的影响，面临着路径或结构上的"锁定"，从而呈现出独特的演变轨迹和发展脉络。具体

---

① 刘军强，熊谋林，苏阳. 经济增长时期的国民幸福感——基于 CGSS 数据的追踪研究［J］. 中国社会科学，2012（12）：102；徐晓红. 中国城乡居民收入差距代际传递变动趋势：2002—2012［J］. 中国工业经济，2015（3）：107。阳义南，连玉君. 中国社会代际流动性的动态解析——CGSS 与 CLDS 混合横截面数据的经验证据［J］. 管理世界，2015（4）：80.

② MAHONEY J. Path Dependence in Historical Sociology［J］. *Theory and Society*，2000，29（4）：507-548.

来看，制约和锁定农民工全体"路径依赖"的重要力量可归结为三种：一是市场的力量。自改革开放和市场转型以来，中国逐渐融入全球化，尤其是党的十八大以来，中国逐渐成为推动构建"开放、包容、普惠、平衡、共赢的经济全球化"的主导性力量，中国融入并在一定程度上领跑全球化的演变历程决定了我们研究农民工群体的发展演变，需要将农民工的工作机会和社会流动、生产过程和劳动环境、权益保护和社会保障、权益意识和维权行动等，与全球化及周期性发展相结合。二是政治的力量。自党的十八大以来，中国特色社会主义进入新时代，以人民为中心的发展思想成为治国理政的重要指导方针，成为高质量发展的重要目标，确保人民群众共享社会发展成果，逐步实现共同富裕。再加上创新驱动战略的实施，经济新常态和移动互联网技术、人工智能的迅猛发展，数字经济和数字社会建设不断推进，自动化设备广泛使用，机器换人成为新的发展潮流。因此，新思想、新技术全方位渗透进人们的日常生活、劳动生产、观念价值等领域，从根本上改变了农民工群体的就业方式、劳动关系、生活形态等，尤其是深刻改变了劳动者的个体期待和劳动价值。三是治理的力量。党的十九届四中全会提出坚持和完善中国特色社会主义制度、推进国家治理体系和治理能力现代化，这是首次用一次党的中央全会专门研究我国国家制度和国家治理问题，提出要统筹城乡的民生保障制度、共建共治共享的社会治理制度，诸如此类的顶层设计和政策制度，不仅回应了经济社会发展过程中的新矛盾、新诉求，同样也对农民工的治理体系和治理能力提出新要求和新担当，这就要求在新时代要针对农民工群体内部的分化和诉求，提出具有建设性的政策框架和切实可行的对策建议。

因此，在外部性和内部性相互交织、复杂互动、交互渗透的社会环境和制度环境下，社会制度在形塑农民工的行为，也在塑造农民工的期待，从而使得农民工的劳动观、权益观和保障权都出现了很多的新选择、新动向和新趋势。这就需要从时间维度、生命周期维度出发，将农民工个体的生命周期跟中国改革开放40多年的发展历程相结合，建立起长时段、多维度的分析逻辑和框架体系，从而帮助我们更好地理解当前社会形态下农民工的权益诉求和利益表达。

第二节　研究问题

一、代际更替与老一代农民工面临着"无可安置的晚年"

农民工群体已经成为中国社会非常重要、规模总量较大的社会群体。如表0-1所示，根据近年来国家统计局发布的历年农民工监测调查报告显示，2012—2020年，农民工群体规模稳定在2.6亿~2.9亿之间。不管是农民工总数还是本地农民工数量、外出农民工数量、进城农民工数量，自2012年持续增长到2019年达到高峰后，2020年均不同程度出现了下降，其中，全国农民工总数较上一年下降1.8%，外出农民工数量下降2.7%，本地农民工数量下降0.4%，年末在城镇居住的进城农民工数量下降3.0%[①]。第七次全国人口普查结果显示，全国总人

[①] 2020年农民工监测调查报告 [EB/OL] . 中国政府网，2021-04-30.

口 141178 万，农民工占全国总人口比例为 20.23%，即每 5 位中国人中，至少有 1 位是农民工。

表 0-1　国家统计局发布的历年农民工监测调查报告中农民工规模（单位：万人）

年份	农民工总数	本地农民工数量	外出农民工数量	其中：进城农民工数量
2012	26261	9925	16336	—
2013	26894	10284	16610	—
2014	27395	10574	16821	—
2015	27747	10863	16884	—
2016	28171	11237	16934	13585
2017	28652	11467	17185	13710
2018	28836	11570	17266	13506
2019	29077	11652	17425	13500
2020	28560	11601	16959	13101

注意：农民工是指户籍仍在农村，在本地从事非农产业或外出从业 6 个月及以上的劳动者。本地农民工是指在户籍所在乡镇地域内从业的农民工。外出农民工是指在户籍所在乡镇地域外从业的农民工。进城农民工是指居住在城镇地域内的农民工。

数据来源于国家统计局历年发布的农民工监测调查报告。

"—"表示数据空白。

在农民工群体规模持续维持高位的同时，农民工群体的平均年龄逐年增加，50 岁及以上农民工占比逐年增加。如表 0-2 所示，根据国家统计局发布的历年农民工监测调查报告显示，2020 年农民工的平均年龄为 41.4 岁，较 2013 年增长了 5.9 岁，50 岁以上农民工占比为 26.4%，较 2012 年增长了 11.3%。农民工平均年龄逐年变大，50 岁及以上农民工群体占比逐年增加，一定程度上表明越来越多的农民工将逐渐退出劳动力市场。

表0-2 国家统计局发布的历年农民工监测调查报告中农民工年龄情况

年份	农民工平均年龄（岁）	50岁以上农民工所占比例（%）
2012	—	15.1
2013	35.5	15.2
2014	38.3	17.1
2015	38.6	17.9
2016	39.0	19.1
2017	39.7	21.3
2018	40.2	22.4
2019	40.8	24.6
2020	41.4	26.4

从农民工生命周期和劳动周期来看，农民工群体自2019年开始有减少的趋势，但平均年龄逐渐增大和50岁以上农民工占比增加这一趋势日益明显。其中，老一代农民工群体面临着逐渐退出劳动力市场的现实约束，对他们来说，不仅存在着"劳而不富"[①]的普遍现象，通过劳动积累的财富有限；而且长期经受"低收入和高强度劳动"[②]，使得身体健康状况普遍不太好；并且在低工资和保障性差[③]的结构性限制下，享有退休金的不多，即便有基本的退休金和医疗保障，但保障水平普遍

[①] 李振刚，张建宝. 劳而不富：青年农民工缘何工作贫困？[J]. 社会发展研究，2019，6（4）：134.

[②] 王琼，叶静怡. 进城务工人员健康状况、收入与超时劳动 [J]. 中国农村经济，2016（2）：3.

[③] 杨帆，庄天慧. 我国农民工贫困问题研究综述 [J]. 西南民族大学学报（人文社会科学版），2017，38（11）：109.

不高。因此，大多数老一代农民工都面临着退出劳动力市场和进入生命周期的老龄化阶段，劳动报酬是他们的主要收入来源，甚至是唯一的收入来源，退出劳动力市场就意味着没有劳动报酬，或者劳动收入显著下降。与此同时，收入水平显著下降或收入没有伴随着刚性支出的增加而增加，就使得可持续生存成为大多数老一代农民工无法回避的现实问题。

二、总体性技术治理将普通人重新带回"国家依赖"

随着现代化国家治理体系不断完善和国家治理能力不断提升，以促进公平正义、增进人民福祉为出发点和落脚点的制度创新和政策设置日趋完善（俞可平，2014）①，国家基本制度日趋健全，基础性国家能力不断提升（王绍光，2014）②，现代官民关系逐渐形成（燕继荣，2014）③。进一步来看，中国的市场转型是在基本社会体制框架与主导意识形态不发生根本变化的前提下进行的，其具有政体和意识形态的连续性、正式制度的非正式运作以及权力连续性背景下的总体性精英的出现等特点④（沈源、闻翔，2014）。中国的社会治理始终在中国共产党的主导下进行，形成了"党委领导、政府负责、民主协商、社会协同、公众参与、法治保障、科技支撑的社会治理体系"，实现了高度总体性的国家体制与市场经济及社会治理共存共生、互为支撑和相互促进的关

① 俞可平．推进国家治理体系和治理能力现代化［J］．前线，2014（1）：5.
② 王绍光．国家治理与基础性国家能力［J］．华中科技大学学报（社会科学版），2014（3）：8.
③ 燕继荣．现代国家治理与制度建设［J］．中国行政管理，2014（5）：87.
④ 沈原，闻翔．转型社会学视野下的劳工研究［J］．中国工人，2014（5）：30.

系。因此，在单一中心主义逻辑和框架下，建立起了以中国共产党为核心的社会治理体系和运行机制，既确保了社会的稳定与有序，也为经济发展和社会活力提供了支撑，更为保障民生和回应民意奠定了基础。诞生于延安时代并延续至今的单位及单位体制①，随着党的组织系统向一切国家机构、社会组织、社会团体的延伸而不断定型和演变，构成了中国城市社会基础的组织制度和社会秩序。进入改革开放以来，随着市场体制的转型和社会治理的变革，单位和单位体制也随之发生深刻的变化②，延续单位制或后单位制③、新单位制④而存在的组织化形态和整合性力量构成了中国社会稳定的关键基础。

日益完善的制度政策和保障机制，在保护人民群众合法权益的同时，也塑造了老百姓对政府的信任⑤、期待和诉求，农民工群体中老一代农民工相对于新生代农民工对政府的信任度更高（符平，2013）⑥。农民工对政府越信任，越有助于降低社会风险，有研究表明新生代农民工对政府的政治认同越高、越信任政府，越能够有效抑制参加群体事件

① 路风．单位：一种特殊的社会组织形式［J］．中国社会科学，1989（1）：72.
② 李路路，苗大雷，王修晓．市场转型与"单位"变迁　再论"单位"研究［J］．社会，2009，29（4）：2.
③ 张秀兰，徐晓新．社区：微观组织建设与社会管理——后单位制时代的社会政策视角［J］．清华大学学报（哲学社会科学版），2012，27（1）：76；何艳玲．后单位制时期街区集体抗争的产生及其逻辑——对一次街区集体抗争事件的实证分析［J］．公共管理学报，2005（3）：101.
④ 李威利．新单位制：当代中国基层治理结构中的节点政治［J］．学术月刊，2019（8）：110.
⑤ 高学德，翟学伟．政府信任的城乡比较［J］．社会学研究，2013（2）：34；王毅杰，乔文俊．中国城乡居民政府信任及其影响因素［J］．南京社会科学，2014（8）：96.
⑥ 符平．中国农民工的信任结构：基本现状与影响因素［J］．华中师范大学学报（人文社会科学版），2013（2）：86.

的意愿（柴玲等，2018）①；而且越是能得到政府和社会力量的正向支持，也有助于推动农民工采取体制内权益表达方式（唐有财、符平，2017）②。可见，农民工对政府越认同、越信任，在加深民众对政府的好感的同时，也有助于维持社会的有序和稳定。问题在于，农民工尤其是老一代农民工对政府的信任，背后潜藏着朴素的期待，即期望政府能够解决个体遭遇的现实利益问题。

三、政策制度如何面对老一代农民工群体现实诉求

改革开放以来，市场转型和社会分化进入新的阶段，社会结构由总体性社会向分化性社会转变③，整个社会正在逐渐分化为一个阶级阶层化④、个体化⑤和原子化的社会⑥。社会的分化和多元化，在增强社会活力和提升经济发展韧性的同时，也面临着因财富差距的逐步拉大、社会建设滞后于经济建设等⑦多因素叠加而带来的社会压力和社会风险。从微观层面来看，随着中国经济的繁荣和社会的进步，民众的利益诉求

---

① 柴玲，尉建文．政治认同、政府信任与群体性事件——以北京市新生代农民工为例［J］．云南民族大学学报（哲学社会科学版），2018（1）：115.
② 唐有财，符平．获得感、政治信任与农民工的权益表达倾向［J］．社会科学，2017（11）：121.
③ 孙立平，王汉生，王思斌，林彬，杨善华．改革以来中国社会结构的变迁［J］．中国社会科学，1994（2）：54.
④ 李路路．改革开放40年中国社会阶层结构的变迁［J］．武汉大学学报（哲学社会科学版），2019（1）：87.
⑤ 文军．个体化社会的来临与包容性社会政策的建构［J］．社会科学，2012（1）：108.
⑥ 王小章．论以积极公民权为核心的社会建设［J］．浙江学刊，2013（4）：87.
⑦ 钟君．当前中国的社会风险外壳初探［J］．国家行政学院学报，2014（4）：96.

和社会需求并非简单地停留在物质诉求和技术满足上，而是逐渐在向文化精神需求转变，向高水平、个性化的福利需求转变，这就使得当前的社会政策、社会治理面临着较大的难题和挑战。

面对社会转型和分化所引发的社会风险和所导致的不确定性，同时也为了更好地包容不同群体的利益诉求，满足社会弱势群体尤其是底层群体的底线权益，重建秩序和优化秩序成为首要考虑的问题。张静[1]（2016）以农村为例，指出重建乡土社会秩序需要直面两个问题：一是管理权的争夺。在管理权的争夺过程中，农村阵地要么被政府或党占领，要么被其他力量诸如宗教、黑恶势力等占领。二是面临着政府与民众的分权问题。对于权利政府多得或民众多得都是无法避免的问题（张静，2016）。也有学者提出要优化社会秩序，但社会秩序的优化面临两个选择：其一是找回传统资源，其二是借鉴西方法治和社会自治经验，不过，传统资源和西方法治存在不同程度的适应性困境[2]（郭忠华，2016）。因此，如何在个体利益、国家治理和社会秩序之间寻求一个动态的平衡点，就成为新时代需要重点考虑的现实问题。

不同于学术的讨论和分析，为更好地回应社会发展的变化，也为更好地回应人民群众的诉求和解决发展中存在的问题，习近平总书记于2015年3月5日在参加十二届全国人大三次会议上海代表团审议时的讲话中提出，"创新社会治理，要以最广大人民根本利益为根本坐标，从人民群众最关心最直接最现实的利益问题入手，坚持和完善中国特色社会主义制度和国家治理体系"；在党的十九大报告中，习近平总书记

---

[1]　张静. 中国基层社会治理为何失效？[J]. 文化纵横，2016（10）：127.

[2]　郭忠华. 协商民主视域下的国家治理能力建设——基于双案例的思考[J]. 岭南学刊，2016（10）：60.

又进一步提出，要"打造共建共治共享的社会治理格局"。这就决定了在新时代和新常态下，需要不断优化和提升党委政府主导下的共建共治共享的社会治理格局，通过协同治理的方式凝聚各方面力量和利益主体，来不断破解发展中的问题和发展起来以后的问题，从根本上提升广大人民群众的获得感和满足感。

社会治理的本质实际上是通过社会的组织化来实现公共事务的管理，来优化公共空间的秩序，这决定了要解决公共问题，就需要相应的组织来接应。一个完全原子化的社会是没有能力承担公共事务的治理责任的，因为公共事务本身具有极强的外部性，不可能通过个人来完成。此外，社会的组织化有多种方式，最常见的是国家建构的行政化组织、社会力量组成的非营利性组织。此外，也存在内生的社会组织，如宗族组织。因此，在政府主导下，如何推动多方力量共同参与、形成协同共治的动态治理体系，来破解农民工群体的权益问题和解决好农民工群体的社会保障问题，就成为新时代重塑治理之道和破解政府"纠错困境"难题的重要学术问题。

因此，当农民工的利益表达和权益诉求，从回溯的角度挑战日趋完善的政策制度和现代化国家治理体系时，政府该如何应对？不同类型的农民工群体在寻求利益表达的过程中存在怎样的差异，我们应如何看待？国家的有效干预如何化解意外的"社会后果"，学界会如何分析？这要求我们基于经验、资料对上述问题进行回应。

第三节　研究目的与意义

　　人口的代际转换不仅体现在年龄结构的变化和人口群体的变迁，更多体现在不同制度、技术环境下成长起来的人口世代的价值观差异。相对于在物质短缺年代成长起来的上一代或老一代①，新生代人口在人生成长过程中经历了生产的极大发展和物质的极大繁荣，因此，在富裕条件下成长起来的一代，其价值观从强调经济和人身安全的价值取向的物质主义价值观，转向强调自我表现、生活质量胜过经济和人身安全的后物质主义价值观。新生代农民工也存在类似特征，不同于20世纪五六十年代出生的老一代农民工，在他们的成长过程中，没有生活必需品短缺的经历；在他们的生活追求过程中，更强调注入归属感、尊重、个性化消费等"后物质主义"目标。同时，在精神健康②、价值取向、行为

---

　①　罗纳德·英格尔哈特. 发达工业社会的文化转型［M］. 张秀琴，译. 北京：社科文献出版社，2013：2-3.

　②　刘林平，郑广怀，孙中伟. 劳动权益与精神健康——基于对长三角和珠三角外来工的问卷调查［J］. 社会学研究，2011（4）：102；梁宏. 代际差异视角下的农民工精神健康状况［J］. 人口研究，2014（4）：113.

规则①、社会态度②、市民化水平③、城市融入④等诸多方面，存在明显的代际差异。

因此，出生年代的差异和成长过程的区别，使得新生代农民工和老一代农民工在应对和处理权益问题时，会有不同的做法和选择；在面对国家政策时，会有不同的诉求和倾向。因此，本研究具有以下目的和意义。

一、理论意义

农民工群体作为中国市场经济和国家建设的重要力量，他们个体命运和生命周期的转换，在受到国家宏观力量的制约和塑造的同时，也反映了同时期国家和社会关系的变迁。从理论上来看，本研究具有以下意义。

（1）将农民工微观的劳动能力周期与宏观的线性进化发展逻辑相结合，指出宏观线性进化发展逻辑与微观个体反向参照的并存，进而揭示了市场转型过程中个体与国家关系的复杂性。随着中国的社会保障政策和劳动保护政策不断完善，社会建设和劳动保护的水平不断提高，经历经济发展水平较低时期的劳动者个体在新时代的国家—社会关系中，

---

① 李培林，田丰. 中国新生代农民工：社会态度和行为选择 [J]. 社会，2011（3）：38.

② 李培林，李炜. 近年来农民工的经济状况和社会态度 [J]. 中国社会科学，2010（1）：24.

③ 刘传江，程建林. 第二代农民工市民化：现状分析与进程测度 [J]. 人口研究，2008（5）：98.

④ 何军. 代际差异视角下农民工城市融入的影响因素分析——基于分位数回归方法 [J]. 中国农村经济，2011（6）：124.

会对国家有新的期待，会对个体的利益表达有新的诉求，这需要我们结合实地调查资料进行整合分析。

（2）提出了权益回溯和纠错困境概念，并将两者结合起来进行研究，进一步丰富了对农民工集体行动、群体性事件的认识。对农民工群体来说，工资权益是劳动过程中最核心的权益，但随着农民工个体生命周期的演化和劳动能力的变化，如何确保其在退出劳动力市场之后维持个体的生存权益，就成为很多老年农民工面临的现实问题；对政府来说，如何在存量权益和增量权益相互交织、历史事实和现实问题相互牵制的局面下，妥善有效地处理农民工的权益诉求和避免纠错困境的出现，自然就成为具有普遍意义的现实问题。

（3）指出了退出型农民工（个体劳动能力逐渐滞后，同时呈现劳动能力衰落状态）在养老需求、生存压力下，生存理性会战胜社会理性成为个体行动的主导力量，进而会改变他们看待权益保护的逻辑和视角，并影响他们看待国家保护的立场和行为选择。不同于简单的线性分析逻辑，本研究认为农民工的理性并非简单地从生产理性向社会理性的线性进化，而是呈现出非线性特征，这种理性的表达和选择更多的是取决于劳动回报的实现及稳定性，当生存压力的条件和边界出现新的变化，农民工的理性表达和选择也会出现新的变化，这就需要结合制度、市场、技术、行动者等方面，从行动者的处境和实践进行具体分析。

（4）拓展了产业、产权和身份理论，为新型城镇化背景下合理分配资源和协调利益提供了新的理论视角。产业升级不仅仅是经济发展的问题，更主要的是可以使中国进入世界产业体系的中高端位置，这样一来，中国就可以在全球价值链条中获得更多的资源和占据更有利的位置，为进一步的资源再分配和利益均等化创造了条件。产权不仅是一束权利，更是一束关系，经典的产权理论需要嵌入当下的制度环境和社会关系，也即资源和利益的分配要适应同时期的制度环境和农民工的社会心态。因此，关系产权概念可以改变政府的执政思维和执政理念，要将产权与关系联系起来，实现从"物化"发展向"人化"发展转变。身份理论促使我们重新思考市场分隔和制度分割问题，要将劳动力生产和劳动力再生产统一起来，将劳动者的生存权和发展权统一起来，在生产成本和管理成本中纳入劳动力再生产的成本，重新界定资源和利益分配的核算模式。

二、政策意义

随着中国工业化和城镇化的不断发展，2018 年中国的城市数量为 672 个，城镇化率达到 59.6%①，这意味着有近六成的中国人口在城镇居住。对农民工群体来说，有劳动能力才可能进城就业，有市民身份才可能在城市永久居住，如何在农民工劳动能力的周期性转变和政策保障之间寻求平衡，实现经济发展和国家保护有效结合，这也是本研究在政策层面需要考虑的问题。

（1）将农民工的劳动能力周期、劳动保护政策转化为资源再分配和利益均等化问题，实现了将宏大的理论问题转化为可操作化的政策设计问题。本研究不涉及宏观的市民化模式研究，而是将农民工带入政策分析的中心，探索在推进农民工市民化的过程中，如何建立一种合理的

---

① 王蒙徽. 我国城镇化率由 10.6% 提高到 59.6%［EB/OL］. 人民网，2019-09-26.

资源和利益分配新理念和新机制，化解早期城市化过程中以牺牲农民、农民工利益为代价的体制机制性难题。

（2）将农民工区分为不同类型的群体，并针对不同类型的农民工设计不同的回应型政策，践行了以人为本的政策设计理念。在早期城市化过程中，自上而下的政策设计没有尊重和理解农民工的需求类型和权益需求的轻重缓解，基于农民工群体类型区分和利益诉求分类，可以精准聚焦需求和做到分类施策，进而为政府有针对性地进行政策供给和有序开展工作提供借鉴。

（3）提出了制度修复的概念。中国特色社会主义进入新时代，我国社会主要矛盾已经转化为人民日益增长的美好生活需要和不平衡不充分的发展之间的矛盾。与此同时，社会的分化和多元化进一步加剧，不同社会群体的需求和诉求差异明显。同时，党的十九届四中全会提出要不断提升国家治理体系和治理能力的现代化，这意味着国家的治理制度和政策将会日趋完善。日趋完善的政策制度在社会分化、民众需求多元化的过程中，必然会面临着各种张力和矛盾，这就需要强化制度的顶层设计和提升制度的修复能力，做到供需兼容、灵活性与原则性兼具。

（4）探讨了机器换人后农民工群体的劳动分化的影响和后果。生产自动化、智能化和机器换人的推进，不仅重塑了生产秩序和规则，而且重构了劳动力市场及用人规则。技术在进步的同时也会创造新的工作机会[1]，劳动者并未因技术进步而被甩出劳动力市场，但劳动者的去向和出路并未得到有效澄清。实践结果表明，低技能工作的人群将会成为

---

① 吴锦宇，葛乙九."机器换人"背景下劳动力就业问题的思考［J］.温州大学学报（社会科学版），2018（5）：100.

新技术发展的潜在受损者①，作为偏向型技术进步载体的机器人一旦与劳动形成替代关系就会挤压劳动收入的份额②，同时技术升级往往会导致制造业工人的劳动降级，工人将会遭受不稳定的劳动关系、劳动过程的"执行替代"和强化的技术控制③等困境。可见，年龄较大、技能较低、面临退出劳动力市场的老一代农民工，在面临技术升级和机器换人时，是被挤压出劳动力市场还是可以继续留在新的业态就业，本人基于实地调查资料试图进行解释和说明。

---

① 张于喆．人工智能、机器人的就业效应及对策建议［J］．科学管理研究，2019（1）：96．

② 余玲铮，魏下海，吴春秀．机器人对劳动收入份额的影响研究——来自企业调查的微观证据［J］．中国人口科学，2019（4）：120．

③ 许怡，叶欣．技术升级劳动降级——基于三家"机器换人"工厂的社会学考察［J］．社会学研究，2020（3）：83．

第一章

文献回顾与反思

第一节　文献回顾

农民工作为中国市场转型以来的新生社会阶层，其存在契合了中国特色社会主义市场经济发展的内在需求，其发展体现了中国特色社会主义市场经济的演变逻辑，其变迁折射出了中国特色社会主义市场的发展脉络。

从现实的制度运行角度来看，农民工群体的存在，始终离不开其与土地和户口的关系①，一定程度上看，土地与户口对农民工的身份界定、行动选择和心理归属具有重要的意义和价值。对农民工来说，土地从未局限在自然生态属性上，更多呈现出自然、政治、经济、社会和文化心理多重属性的集合。从经济层面来看，土地是生产要素；从政治层面来看，土地是社会稳定的支撑；从社会层面来看，土地是农民社会保

---

① 孟捷. 农民工、竞争性地方政府和社会主义政党—国家——改革开放以来中国的经济制度和经济学话语［J］. 东方学刊，2019（1）：111.

障的基础；从文化情感层面来看，土地是农民的情感依靠和身份认同。正因为土地的多重属性特征并存，使得理解农民工的视角和逻辑，必须遵循多层次、多角度和互动叠加的原则。从政治话语体系角度来看，自党的十八大以来，中国特色社会主义是改革开放四十年中国共产党的全部理论和实践的主题①，中国特色社会主义的话语体系逐渐形成，其中就包括了政治话语、学术话语与大众话语的统一（肖贵清、田桥，2018），市场话语体系下的农民工概念逐渐弱化，政治话语体系下的人民概念不断凸显。习近平总书记强调，要以人为本，推进以人为核心的城镇化，把促进有能力在城镇稳定就业和生活的常住人口有序实现市民化作为首要任务，推进农民工市民化是新型城镇化的应有之义。

在新的制度环境和治理理念中，农民工如何进行合理的利益表达，如何利用合理的政策制度维护个人的合法权益，存在哪些新的特征和趋势？因此，需要结合新的政治话语体系，总结农民工群体的特点和演变，围绕利益表达将不同农民工群体类型置于国家—政策的双重逻辑下来理解，重点要基于农民工群体与国家的关系来进行文献回顾和梳理，才能真正把握新时代不同类型农民工群体的利益诉求与政府期待背后的内在演变机制和脉络。

一、宏观的现代化发展与线性进化逻辑

市场转型以来，行政性再分配权力在减弱（Nee Victor，1989、1991），但中国的市场转型由"市场"和"政府"共同推动（Andrew

---

① 肖贵清，田桥. 改革开放四十年中国特色社会主义话语体系的建构与演进［J］.
东岳论丛，2018（9）：110.

G. Welder，1995），也是政治与市场双重转型（Parish、William L、Ethan Michelson，1996），在这个过程中，权力与市场两者之间呈现出亲和关系（周雪光，2000）。可见，无论是转型前还是转型后，政府一直是中国现代化发展和地方治理的主导力量，虽然出现了从总体性支配向技术干预的转变（渠敬东、周飞舟、应星，2009），但中国强势政府的力量和优势（弗朗西斯·福山，2015）非但未能弱化，反而在特定领域进一步被强化。渠敬东、周飞舟（2015）则进一步提出了"平面化发展"的概念，指出完美设计的逻辑对人的发展、国家的治理和社会的管理所带来的累积式、线性进化的主导作用（渠敬东、周飞舟，2015）。因此，市场转型理论虽然指出了行政性再分配权力的弱势，但也在进一步的修正过程中肯定了政府的主导性和重要性，国内相关实证研究也或多或少地证明了国家干预绩效的显著性，成为推动中国整体线性进化发展的主导力量。此后，有关国家干预、威权体制、技术治理的有效性不断受到重视（冯仕政，2011；周雪光，2011），虽然有学者指出国家干预面临有效性和合法性之争（蔡禾，2012），但合法性具体落实在哪些具体层面，作者并没有进一步阐述，况且，在所有研究与讨论过程中，政府干预发展的线性进化逻辑并没有受到挑战。

从现代化理论来看，中国的现代化本质离不开人的现代化，通过将所有生产要素和非生产要素进行体制化"规训"，形成有序和一致性行动，发挥集体合力和整合效率，从而实现经济社会发展进步。因此，人的技能、知识和道德可以通过整体性供给予以满足，在对个体进行组织规训和现代教化之后，纳入各种正规或非正规的组织管理体系中，成为推动企业运行、经济发展和社会进步的生产性力量。进一步来看，现代化理论仍然强调的是国家中心论，认为一个国家或地区的进步与复兴，离不开各种支持性力量的合力作用。在这个过程中，个体的权益与利益往往并没有纳入议事日程。可见，现代化的实现离不开人的现代化，但现代化的理论内核中，更多基于宏观、结构和历史的逻辑与立场，来看待一个国家和地区从传统农业社会向现代工业社会的转型，国家的现代化转型必然会带来人的现代化实现。需要指出的是现代化理论过于重视个体主义逻辑，忽视了宏观力量的作用。习近平总书记指出，中国建设的现代化是具有中国特色、符合中国实际的现代化，重点包括"是人口规模巨大的现代化，是全体人民共同富裕的现代化，是物质文明和精神文明相协调的现代化，是人与自然和谐共生的现代化，是走和平发展道路的现代化"①。因此，不同于西方国家的现代化理论，实现全体人民共同富裕是中国式现代化的重要目标，而在中国实现现代化，党的领导是根本，这不仅将中国式现代化和西方现代化理论实践进行了区分，而且指明了党在其中的决定性作用。

就中国的实践来看，中国政府主导的现代化或总体性政府干预，被视为发展出一套独特的产业治理战略，通过为社会秩序和经济发展提供工具理性，从而形塑一种进化论的发展理念。所有的国家干预都是围绕该社会秩序和工具理性的塑造进行，民众会自觉自愿地追随该种线性进化发展理念。但问题在于，政府主导的宏观线性进化发展逻辑与劳动者微观的劳动能力周期并不总是同步，可能导致个体对政府期待的超前性。此外，面向未来的整体线性进化逻辑可能面临着劳动者反向回溯的

---

① 中国式现代化的比较特征与价值内蕴［EB/OL］．中国共产党新闻网，2022-
04-19.

诉求，利用享有的规范化、高标准回溯过往的"权益受损"，可能会导致宏观线性进化逻辑适应微观个体的历史困境。

二、微观的参照点理论与反向回溯逻辑

从微观层面来看，源于契约理论的参照点理论（哈特、莫尔，2008）指出了个体的行为选择会受到周围群体的、技术的、制度的、心理预期的等多种因素的形塑。在完全契约理论中，契约规定了缔约双方的权利和义务，而明确的权利和义务有助于鼓励长期投资和形成稳定预期。但在现实生活中，市场是不完备的、信息是不对称的、社会是多变的、个体预期是动态调整的，会出现无法预见的或然事件，将各种能够遇见的或然情况写入契约的成本过高，导致契约的执行也并非按照契约的预期运行（Tirole，1999；Maskin、Tirole，1999）。基于此，不完全契约理论应运而生，哈特、莫尔（2008）则认为契约只是为交易关系提供了一个参照点，一个交易主体的权利感受的参照点。在借鉴行为经济学的基础上，哈特、莫尔（2008）指出想法、目标、价值、底线、现状等参照点会影响缔约双方的行为选择，尤其是在价格、成本不确定的情况下当事人会选择在刚性契约和弹性契约之间进行权衡。

行为经济学和实验经济学深入讨论了参照点是否存在、在什么情况下变化、由什么因素决定等问题。科泽齐、拉宾（2006）探讨了在完全理性的框架下参照点的选定及对个体行为的"预设性"实现；拉宾（2010）则进一步指出，如果不把参照点当作理性预期则很难开展参照点研究。不同于选择价值、底线、现状等作为参照点，目标作为参照点一定程度上能够推动实现预期（Heath C、Larrick R P、Wu G，1999；

Koop G J、Johnson J G，2012）。此外，很多研究以实验、实证的方式探讨了参照点的存在及作用。费尔（2011）通过招募学生作为实验参与者的实验结果证明存在参照点契约理论的中心行为机制。李维安等（2010）参考契约参照点理论证实了国际同行的薪酬基准对我国上市公司的高管薪酬决策有明显的参照点效应。谢晓非、陆静怡（2014）提出社会参照点和个人参照点作为双参照点同时存在于风险决策过程中。可见，参照点既有内部设定，又有外部影响，更多的是受到内部设定和外部影响的交互作用，但参照点理论的最大缺陷在于确定参照点的不确定性太高，不过很多研究倾向于选择"预期"作为参照点。

事实上，参照点（包括具体的行动者）在选择个体预期、目标、现状时，更多是基于当下状态来实现未来的设定，对未来预期持发展进步的态度，本质上是一种线性进化发展逻辑。问题在于，当把政策或制度作为参照点时，参照点理论所连接的现在与未来的逻辑关系可能会复杂化和多样性，既存在基于当下参照点对未来发展的前向预期，也可能存在基于当下参照点对过往的反向预期。尤其是政策或制度的规范化和标准化，提升了个体参照点选择的基准，通过反向预期提出权益回溯的诉求，这是现有参照点理论未能考虑的盲区。

三、政府角色及发展演变

中国的现代化建设是在政府的主导下进行的，地方政府在地区经济发展过程中扮演着重要的角色，对促进地方政府经济发展发挥着重要作用。对此，学界的很多理论进行了描述，比如，"地方性国家法团主义①"（奥伊，1992）、"政府即厂商"②（沃尔德，1995）、"地方性市场社会主义"③（林南，1996）、"村镇政府即公司"④（Peng，2001）、"政权经营者"⑤（张静，2000）、"乡镇政权从代理型政权向谋利型政权转化"⑥（杨善华，2002）、政府委托—代理机制及变异⑦（李军杰，2005）。在发展型政府主导下，地方政府的自主性得到了极大增强⑧，提升地方政府的发展绩效成为地方政府自主性的重要目标。对于地方政府来说，地方政府总是嵌入特定的社会文化网络和社区空间，政府官员的个人利益跟区域经济发展整体水平息息相关，并且地方经济发展也是地方政府财政收入和各种非预算收入的重要来源（何显明，2007）⑨，

---

① OI J C. Fiscal Reform and the Economic Foundations of Local State Corporatism in China [J]. World Politics, 1992, 45（1）：99-126.

② WALDER A G. Local Government As Industrial Firms：An Organizational Analysis of China's Transitional Economy [J]. American Journal of Sociology, 1995, 101（2）：263-301.

③ 林南. 地方性市场社会主义：中国农村地方法团主义之实际运行 [J]. 国外社会学, 1996（5）：168.

④ Peng, Yusheng. 2001. Chinese Villages and Townships as Industrial Corporations：Ownership, Governance, and Competition [J]. American Journal of Sociology 106（5）：1338-70.

⑤ 张静. 基层政权：乡村诸制度问题 [M]. 杭州：浙江人民出版社, 2000：210-212.

⑥ 杨善华. 从"代理型政权经营者"到"谋利型政权经营者"——向市场经济转型背景下的乡镇政权 [J]. 社会学研究, 2002（1）：127.

⑦ 李军杰. 经济转型中的地方政府经济行为变异分析 [J]. 中国工业经济, 2005（1）：98.

⑧ 何显明. 市场化进程中的地方政府角色及其行为逻辑——基于地方政府自主性的视角 [J]. 浙江大学学报（人文社会科学版）, 2007, 37（6）：92.

⑨ 何显明. 市场化进程中的地方政府角色及其行为逻辑——基于地方政府自主性的视角 [J]. 浙江大学学报（人文社会科学版）, 2007, 37（6）：92.

经济越发达的地区，政府实际可支配和可调用的资源也就越多，这就进一步强化了地方政府及主政领导的 GDP 增长偏好，GDP 增长不仅可以体现地方政府领导的政绩，而且可以帮助地方官员达到有效晋升的目的①（周黎安，2007；张军、高远，2007），后续也有研究质疑了"官员晋升锦标竞赛理论"，认为"改革开放以后的中国并不存在一个从中央到省、从省到地市、从地市到县乃至乡级的层层放大的、将政治提拔和经济增长，或主要经济指标直接挂钩的考核体系②"（陶然、苏福兵、陆曦等，2010），经验研究也不支撑这个假设，当然也有后续研究支持这一假设，只不过这一假设的存在是有前提条件的，徐现祥、王贤彬（2010）就指出"中国地方官员对政治激励做出有利于辖区经济增长的反应不能一概而论，而是受制于年龄和任期的影响，一般来说，年龄越大，政治激励的作用越小；任期适度延长，越有助于政治激励作用的发挥③"。

　　因此，基于发展主义的逻辑，企业资方在地区经济发展中具有重要作用，而农民工作为劳动要素和非稀缺资源，在劳资双方出现利益纠纷时，地方政府作为法人团体，基于发展地方经济、推动 GDP 增长的考虑容易与企业资方结成利益联盟，并且基于发展型逻辑在劳工与资本之间寻求一种动态的平衡。即基于效率机制，不支持劳工增长权益，降低企业用工成本；基于合法性机制，维护劳工底线权益，不支持劳工的发

---

① 周黎安．中国地方官员的晋升锦标赛模式研究 [J]．经济研究，2007（7）：119；张军，高远．官员任期、异地流动与经济增长 [J]．经济研究，2007（11）：98.

② 陶然，苏福兵，陆曦等．经济增长能够带来晋升吗？——对晋升锦标竞赛理论的逻辑挑战与省级实证重估 [J]．管理世界，2010（12）：34.

③ 徐现祥，王贤彬．晋升激励与经济增长：来自中国省级官员的证据 [J]．世界经济，2010（2）：22.

展型权益①（魏万青、刘庄，2016）。因此，在发展型政府背景下，农民工的劳动贡献淹没在地方政府的 GDP 数字中，农民工的劳动者身份被"世界工厂"所遮蔽。

党的十八大以来，发展型政府向保护型政府/服务型政府的转变②（陈玲、王晓丹、赵静，2010；顾昕，2013），不仅推动了经济增长方式的转变，在经济发展过程中更多考虑到环保因素、劳动保护和民主福利③（孙沛东、徐建牛，2009），而且改变了政府治理方式，逐步推进了共建共治共享的社会治理格局，实现了劳动者有尊严地生活，提升了人民群众的获得感。在保护型政府的发展理念下，政府推动经济发展的同时，更多地重视社会建设，通过各种社会建设，促进劳动者的社会参与和公共表达，为全体社会公民提供充裕的公共产品和集体消费品，实现全体公民能够共享社会发展的成果和社会各阶层的和谐共处。因此，在保护型政府背景下，农民工作为产业工人和劳动者的地位和角色会得到确认，农民工依据劳动贡献获得相应的回报，同时享有城市基本公共服务。对农民工群体来说，政府的保护型功能不仅局限在保护劳动者的基本工资收益权上，而且可以帮助农民工有效融入城市社会和过上有尊严的生活。某种意义上，地方政府通过社会建设帮助农民工融入城市社会，一定程度上有助于解决农民工尤其是新生代农民工的城市适应

① 魏万青，刘庄．劳工代表、发展型政府治理工具——农民工权益维护中工会的多重脸孔［J］．甘肃行政学院学报，2016（5）：122.

② 陈玲，王晓丹，赵静．发展型政府：地方政府转型的过渡态——基于沪、苏、锡的海归创业政策案例调研［J］．公共管理学报，2010（3）：113；顾昕．政府主导型发展模式的兴衰：比较研究视野［J］．河北学刊，2013（6）：98.

③ 孙沛东，徐建牛．从奇迹到危机——发展型政府理论及其超越［J］．广东社会科学，2009（2）：173.

困境问题。

就具体实践来看，工资权益、社会保障是农民工的核心权益①（刘爱玉，2010），对农民工群体来说，影响农民工工资权益最重要的是最低工资标准②（孙中伟、舒玢玢，2011），最低工资标准往往以刚性的数字标准连续提升从而具有很大的制约力。近年来，最低工资标准的上调，增加了农民工的收入水平，保障了农民工的基础性权益，从而充分体现了政府干预的保护性和政府治理日益以人为本的理念。影响农民工社会保障的主要是《中华人民共和国劳动法》③（钱文荣、朱嘉晔，2018），通常《中华人民共和国劳动法》在实际运作过程中会出现变通但总体保障能力在逐步提升。随着法治国家建设的不断完善，法治环境也不断改善，客观上形成了有利于保护农民工合法权益的社会环境，同时法律的强制性也使得越来越多的企业做到了守法经营和管理，农民工的权益保障水平也在不断提高。

四、农民工的角色设定与劳动使用

长期以来，农民工被视为中国现代化的参与者，也是中国制造的生产者，更是中国城市基础设施的建设者。从工业化经济发展到全球化经济，中国的农民工主动或被动纳入全球生产制造的劳动体系和就业体系

① 刘爱玉. 劳动权益受损与行动选择研究：两代农民工的比较［J］. 江苏行政学院学报，2011（1）：134.
② 孙中伟，舒玢玢. 最低工资标准与农民工工资——基于珠三角的实证研究［J］. 管理世界，2011（8）：121.
③ 钱文荣，朱嘉晔. 农民工的发展与转型：回顾、评述与前瞻——"中国改革开放四十年：农民工的贡献与发展学术研讨会"综述［J］. 中国农村经济，2018（9）：24.

中。在全球化时代，在资本逐利的本性驱使下，发达资本主义国家的资本和技术在全球化时代不断向"后发型"国家转移，在这个全球经济一体化的过程中，发达资本主义国家和地区的资本、技术、管理经验与欠发达国家和地区的廉价劳动力、丰富的能源和原材料、广阔的消费市场相结合，越来越多的国家和地区被紧密地联系在一起，形成了一体化的全球市场①。全球市场的形成，促成了全球化工厂就业体制的形成②。全球工厂就业体制的形成与不同国家的现代化进程密切相关，它特指全球化时代，跨国流动资本和当地政府优惠的制度政策、廉价的劳动力、丰富的原材料等相结合而形成的一种工业生产制度，这种工厂体制所生产出来的商品主要出口到发达资本主义国家，利用不平衡的市场消费差距来获得巨额利润。

中国的改革开放主要是通过融入全球市场、吸引外资快速实现工业化和现代化。全球化发展带来了东南沿海地区快速的工业化和城市化进程，在形成了大规模的生产和商品市场的同时，也由于劳动力的家庭分割和工厂就业的用人体制，形成了跨地区和跨国界的劳动力流动市场。某种程度上，中国工业不断卷入全球化的过程使得成千上万的农村劳动力进入工厂工作，而工厂宿舍通常按照性别区隔和单一性别集中居住的

---

① 潘泽泉. 全球化、世界工厂与中国农民工发展的经验教训［J］. 广东社会科学，2008（1）：154.
② 郑广怀. 社会转型与个体痛楚——评《中国制造：全球化工厂下的女工》［J］. 社会学研究，2007（2）：131；潘毅. 全球化工厂体制与"道德理念重构"——跨国公司生产守则与中国劳动关系［J］. 开放时代，2005（2）：111.

形式形成一种性别化的雇用形态①（李超海，2009）。这种符合专门化生产要求的出口导向型工厂和企业，在国际市场的周期性变化过程中，不仅加强对劳动体制的控制和使用，降低了管理成本，而且对外来劳动力进行选择性雇用以便减少生产成本。

中国东南沿海地区劳动密集型企业的用工体制具有两个鲜明的特征：

（1）单一性别用工模式。很多企业倾向于雇用未婚的同性别年轻劳动力，尤其是各种制鞋、制衣、电子等企业。未婚的年轻女性不仅便于管理，反抗性较弱，而且不用承担家庭再生产功能，受到很多劳动密集型企业的青睐，未婚的青年男性可以从事比较繁重的工作岗位，并且男性劳动力集中居住可以节省管理成本和用工成本。在单一性别的劳动力使用制度下，很多工厂聚集了大量的女工，很多企业聚集了大量的男工，这种劳动力性别的不平衡给男女青年的业余生活和日常交往带来了很多的不便利，但却有利于企业工厂对劳动力的便利化、规模化使用。

（2）宿舍劳动体制②。大量的农民工聚集在企业的集体宿舍，这是中国劳动密集型企业用工方式的另一显著特征。集体宿舍制度表面上是为农民工提供了居住的便利，但在任焰和潘毅（2006）看来，集体宿舍居住制度不过是企业资方的劳动控制方式和手段，企业资方通过操纵各种精细的微观权力技术使工人尽量符合生产机器的要求，延长劳动时

---

① 李超海. 作为一种社会隐蔽行为的存在：都市社会非正式就业人群的生存逻辑分析 [J]. 广西大学学报（哲学社会科学版），2009（4）：121.
② 任焰，潘毅. 跨国劳动过程的空间政治：全球化时代的宿舍劳动体制 [J]. 社会学研究，2006（4）：132；任焰，潘毅. 宿舍劳动体制：劳动控制与抗争的另类空间 [J]. 开放时代，2006（3）：145.

间，随时根据生产需要灵活使用劳动力等，降低对劳动力使用的不确定性，实现对劳动力使用的最大化。宿舍劳动体制是一种独特而有效的劳动控制与管理形态，它使工人完全处在了福柯式的"全景敞视空间"之中（任焰、潘毅，2006）。通常，当劳动者的工作空间与生活空间整合程度越高，越方便员工发生超时加班行为，从而延长企业使用劳动者的劳动时间①（蔡禾、史宇婷，2016）。在富士康深圳工厂，有宿舍、饭堂、篮球场等生活设施，大约 1/4 的员工居住在工厂宿舍，但工人在宿舍的行为严格受到工厂管理规范的限制②，在富士康工人眼里"工厂即监狱"。宿舍无非是将工人圈起来的"一个以绝对服从和惩罚性的制度为特征的法家式兵营社会"③，是生产空间的延续，从而迫使以绝对的血汗规模化、集中化高效使用来确保企业资方稳定的获益。这一看似规模有序、高度集中居住的宿舍体制，其目的是"让不同生产线、来自不同地方、不同班次的工人住一起，令同宿舍工人形同陌路"④（潘毅、卢晖临、郭于华等，2011），成为原子化的社会个体和聚集性的生产 i 奴⑤（邱林川，2014），从而为富士康公司更便利、更高效地进行生产提供基础。因此，以富士康为代表的，最大限度将劳动者生产生活

---

① 蔡禾，史宇婷. 劳动过程的去技术化、空间生产政治与超时加班——基于 2012 年中国劳动力动态调查数据的分析 [J]. 西北师大学报（社会科学版），2016（1）：13.

② 乔舒亚·B. 弗里曼，李珂. 巨兽：工厂与现代世界的形成 [M]. 北京：社会科学文献出版社，2020：210-211.

③ 程平源，潘毅，沈承，等. 囚在富士康——富士康准军事化工厂体制调查报告 [J]. 青年研究，2011（5）：112.

④ 潘毅，卢晖临，郭于华，等. 富士康辉煌背后的连环跳 [M]. 香港：商务印书馆，2011：210.

⑤ 邱林川. 告别 i 奴：富士康、数字资本主义与网络劳工抵抗 [J]. 社会，2014（4）：123.

融合并高度集中高效使用劳动力的宿舍管理模式，堪称"准军事化的工厂专制主义政体"的典型，从而推动工人商品化、原子化，消解了工人集体行动和抗争，维系了生产队伍的有序稳定①，也形成了以生产生活空间融合为基础的集中规模、高效整合的"准军事化"用工体制。

总之，在全球化工厂就业体系中，农民工不仅在劳动过程中被规训进庞大而复杂的工业流水线，而且在劳动之余也处在企业的管理和控制视域下，长期严密的工厂监控体制不仅改变了农民工的生活轨迹，而且造成了农民工价值预期充满不确定性，进而影响和改变了农民工尤其是新生代农民工原本的成长路径。

五、劳动过程与全球化生产体制

马克思指出资本的本质是追求利润，而将工人的劳动过程控制在自己的手中才能保证资本家对剩余价值的有效索取（马克思，1972）。发生在资本主义劳动过程中的控制与反控制、剥削与反剥削的斗争，本质上是资本家最大限度索取剩余价值所导致的必然结果。延续马克思主义研究立场，有关劳动控制的研究均表明只有实现"将工人的劳动能力转化为实际的、可计算的劳动这一过程"的控制，资本家稳定获益才能得到保障。福特主义、新福特主义和后福特主义都讨论了工业化大生产体制下的工人境遇。福特主义推崇以生产机械化、自动化和标准化形成的流水线作业及其相应的工作组织，通过大规模生产提高劳动生产率、科层化完全控制劳动工程，使得工人丧失了对劳动过程的自主权。

---

① 郭于华，黄斌欢.世界工厂的"中国特色"——新时期工人状况的社会学鸟瞰 [J].社会，2014（4）：187.

工人们并没有向资本主义的所有制和控制提出疑问，雇主们也决心忍受工人们的权利和机遇以换取更有利可图的经济环境，形成一种工人和雇主的"联盟"，也即同意与合作。与此同时，集体谈判制度提升了工人的支付能力，通过倡导让工人（劳动者）变成消费者，以维持生产稳定和消费稳定，形成了大规模生产和大规模消费之间的良性闭环。因此，福特制不仅带来劳动力组织和生产方式的变化，提高了资本家的利润，也使工薪阶层整体的生活方式发生了结构性变化。随着经济社会的发展，福特主义逐渐被新福特主义所取代，新福特主义主张实行弹性的工资关系，通过工资的减少来恢复边际利润，从而打破了福特主义刚性化的劳资集体谈判制度，并且弹性化劳动关系降低了工资上涨的压力，确保福特主义的企业组织能够继续维持下去。后福特主义强调改变劳动过程以快速提高劳动生产率，通过对"第三意大利"和日本"丰田生产方式"的研究和模仿，对福特主义企业组织进行创新，以培养协商机制、劳资合作关系来达到提高生产率和大规模生产多样化产品的目标，适应细分市场以提高边际利润。可见，在福特主义时期，劳动者成为大规模生产体制下流水线的生产工人，但生产工人既是劳动者，也是消费者，某种程度上，工人阶层的生产和生活都得到了改善。进入20世纪七八十年代新福特主义和后福特主义时期以来，外包制和全球工厂体制的长距离生产链条，使劳动者成为整个全球化产业链条的一个环节，劳动者的生产和生活变得极不稳定，高流动性和弹性化成为劳动者的常态。中国的农民工群体所遭遇的劳资关系是多元化、多层次并存的，既有传统意义上的国有企业劳资关系管理，也有科学管理的外资企业劳资关系管理，同时存在一定剥削的私有制企业劳资关系管理，甚至也存在赤裸裸的暴力控制型非正式劳资关系，多重类型的劳资关系并存，兼具福特主义、新福特主义和后福特主义劳资关系的多重特点。

随着资本主义从自由竞争进入垄断时代，布雷弗曼（1978）从劳动者主体性的被剥夺入手，指出垄断资本主义的现代化机械大规模生产使劳动者遭受"概念与执行的分离"，劳动者的"去技术化"迫使他们进一步从属于资方①。在劳动者"去技术化过程中"，资本家的企业管理方式也发生了较大的变化，布雷弗曼随后重点分析了资本主义劳动过程中的两种管理控制手段：一是进行具体的劳动分工，即把制造产品的各个过程划分为由不同工人完成的许多工序。劳动力成为商品后，劳动力的使用就不再按照出卖者的需要和愿望来安排，而是按照购买者的需要来安排。这些购买者特别关心且永远关心的事情就是降低这种商品的价格。最常见的降低劳动力价格的方法就是把劳动力分解为组成它的最简单的成分，让劳动过程中的每个步骤都尽可能地脱离专门知识和专门训练，都变为简单的劳动②（布雷弗曼，1978）。二是采用泰罗开创的科学管理方法，布雷弗曼把泰罗制管理归纳为三原则：第一是劳动过程与工人的技能分离，劳动过程一点都不依靠工人的能力，而完全依靠管理部门的做法；第二是构想与执行分离（手与脑的分离），对工作的"构想"必须留给管理者去做，工人的任务就是不假思索地"执行"管理者的指示；第三是管理者利用对知识的垄断来控制劳动过程的每个步

---

① 哈里·布雷弗曼. 劳动与垄断资本：二十世纪中劳动的退化 [M]. 方生，等译. 北京：商务印书馆，1978：12.

② 哈里·布雷弗曼. 劳动与垄断资本：二十世纪中劳动的退化 [M]. 方生，等译. 北京：商务印书馆，1978：156-176；游正林. 西厂劳工——国有企业干群关系研究（1979—2006）[M]. 北京：中国社会科学出版社，2007：2.

骤及其执行方式。一定程度上来看，现代管理就是在上述三原则的基础上产生出来的（布雷弗曼，1978）。科学管理方法引发了诸多不良的社会后果，工匠的技艺遭到破坏，工人的工艺知识和自主的控制权被剥夺，从而使工人在劳动过程中只起嵌齿和杠杆的作用。也就是说，在完成了这个过程之后，工人就再也不是一个手艺人，而只是管理者的一个活的工具（布雷弗曼，1978）。在劳动力管理的去技术化过程中，在资本、技术和其他社会经济结构性因素的作用下，劳动者进一步附属于资方，成为"纯劳动者"。

同时，工作场所的转型也推动了劳动控制的升级，从传统以资本家在场控制和等级控制为代表的简单控制，逐渐向以技术控制和管理控制为代表的结构控制转变，简约主义的劳动控制逐渐让位于复杂设计的劳动隐匿控制，但控制的根本目的依旧是确保资本家和管理者从工人那里获得所希望的工作行为的能力，满足资本家和管理层掌控劳动过程获取高额利润的需要。此后，布洛维揭示了工作场所中工人的认同并自愿参与"赶工游戏"，并且随着国家干预的深入和福利国家的出现，早期强制胜于认同的市场专制体制会被存在强制但认同相对占优势的霸权体制所取代，但是劳动控制的强制底色依然存在。精益生产、后福特主义等理论具有浓郁的后现代主义色彩，强调团队合作性、更强调个人灵活性的双赢劳动过程，本质上通过企业管理者吸纳工人参与和强化工人认同组织规范，进而通过制度化的组织规训来达成工人从管理者角度去思考公司应如何更好地发展来保障资本家的稳定获益①（Thompson、Newsome，2004）。随着分享经济的发展和灵活用工形式的出现，平台对劳动过程的控制和劳动者拥有工作自主权同时并存②（吴清军、李贞，2018），生产过程和劳动控制的合作性特征得到凸显，但劳动者依旧困在系统中。即便是近年来新出现的直播、创意文化及综艺娱乐产业的文化情感逻辑无处不在，从业人员可以在意识形态化的现实中追求着自己的剩余快感，但幻象化的意识形态逻辑和作为"异常"而被清场的风险时刻会落下③（贾文娟、钟恺鸥，2018）。

　　遍布在珠三角地区的中小微工厂和企业，其实多属于代工制企业，作为全球化生产链条的一个制造环节，"两头在外"的代工制企业实际上只承担了其中的制造功能，这就类似于台湾的外包制企业。首先，在外包制企业中，直接生产者和全球化企业生产链条的顶端在空间上是分离的，不像一般工厂直接将生产者聚集在一起；其次，直接生产者与工厂管理部门之间是以计酬方式来交换劳动力和报酬的④（谢国雄，1997）。因此，在这外包制企业中，劳动关系是极度市场化的关系，当中进行的是纯劳动（labor）而不是劳动力（labor power）的买卖，实际

① THOMPSON P，NEWSOME K. Labor Process Theory，Work，and the Employment Relation [C] // KAUFMAN B E. Theoretical Perspectives on Work and the Employment Relationships. Champaign，IL : Industrial Relations Research Association，2004.

② 吴清军，李贞. 分享经济下的劳动控制与工作自主性——关于网约车司机工作的混合研究 [J]. 社会学研究，2018（4）：76.

③ 贾文娟，钟恺鸥. 另一种娱乐至死？——体验、幻象与综艺娱乐节目制作过程中的劳动控制 [J]. 社会学研究，2018（6）：178.

④ 谢国雄. 纯劳动：台湾劳动体制诸论 [M]. 台北："中央研究院"社会学研究所筹备处，1997：96.

发生的并不是朝九晚五的雇佣关系，而是内含在加工过程中的劳动，并以按件计酬的方式进行交易①（Reddy William，1984）。在谢国雄看来，资本家只要劳动的成果，其他的都不要（谢国雄，1997）。农民工作为劳动密集型产业的劳动主体，在资本、技术、地方政府和市场等各种因素的综合作用下，农民工被去技术化和劳动者被原子化，农民工成为外包制企业的"纯劳动"，在不稳定的劳资关系和不确定的雇用关系中，农民工的高流动性问题②（刘林平、万向东，2007）自然成为农民工群体最基本的特征。

此后，代工群体继续演变，在珠三角地区，出现了脱离于工厂/车间管理体系，农民工自己租房做赶货的"租户赶货"群体和进入工厂做短工的"厂内赶货"群体③；在台湾地区，社区和家庭的剩余劳动力通过"客厅即工厂"项目被吸纳进劳动生产行列，在地化转变为劳动力④，推动家庭已婚妇女成为"全球经济体系的转包生产者"⑤。分散化使用女工也在中国不断出现，订单外包制的发展，通过送生产资料下

---

①　William M. Reddy. The Rise of Market Culture：The Textile Trade and French Society（1750-1900）［M］. Cambridge University Press，1984：201.
②　刘林平，万向东. 制度短缺与劳工短缺［M］. 北京：社会科学文献出版社，2007：10.
③　黄岩. 工厂外的赶工游戏——以珠三角地区的赶货生产为例［J］. 社会学研究，2012（4）：121.
④　熊秉纯. 客厅即工厂［M］. 蔡一平，张玉萍，柳子剑，译. 重庆：重庆大学出版社，2010：23-25.
⑤　熊秉纯. 客厅即工厂［M］. 蔡一平，张玉萍，柳子剑，译. 重庆：重庆大学出版社，2010：113-114.

乡进村，分散的农村主妇被卷入全球化生产网络①（任守云，2014），家庭化生产政体（林慧琳、肖索未，2020）、妈妈工人群体②等先后涌现，拓展了全球化生产体系最低成本使用在地化劳动力的方式。因此，在全球市场和全球化就业工厂体制中，资本家通过"纯劳动"、客厅即工厂、家庭化生产政体、妈妈工人等方式，建立起弹性用工、分散用工的劳动用工体制，不断缩榨劳动支出和维持资本家的稳定高收益。

在严密劳动控制和弹性用工的同时，建筑工地工人的劳动分包制也得以形成和发展。改革开放以来中国快速的城市化和工业化，催生了建筑业的蓬勃发展，也形成了一支跟中国作为世界基建强国相伴随的建筑工人队伍。建筑工人的劳动身份和建筑行业的层层分包用工体制形塑了中国特有的分包劳动控制③。这种建筑行业层层分包和转包的用工体制具有浓厚的遮蔽性色彩④（卢晖临、张慧，2010；亓昕，2011），模糊了正式的劳动关系和非正式的地缘血缘关系的边界，也构成了中国建筑工地特有的"关系霸权⑤"（周潇，2007），进而形成了路桥建设过程

---

① 任守云. 理性化的选择：客厅工厂中的农村妇女为何留守乡野？——以河北省李村为例. 中国青年研究［J］. 2017（7）：165；林慧琳，肖索未. 工厂即客厅：外包制鞋厂的劳动过程研究［J］. 社会学评论，2020（8）：56.

② 白美妃. "客厅工厂"与"妈妈工人"——鲁东山县缝纫加工点的民族志研究［J］. 广西民族大学学报（哲学社会科学版），2018（1）：145.

③ 卢晖临，张慧鹏. 阶级的形成：建筑工地上的劳动控制与建筑工人的集体抗争［J］. 开放时代，2010（5）：198.

④ 亓昕. 建筑业欠薪机制的形成与再生产分析［J］. 社会学研究，2011（5）：187.

⑤ 周潇. 关系霸权：对建筑工地劳动过程的一项田野研究［D］. 北京：清华大学，2007.

中的"逆差序格局"劳动控制① （蔡禾、贾文娟，2009），企业资方不仅可以成规模地调动和使用劳动力，而且可以将劳动使用和控制的成本与风险不断下移至底层的承包方乃至建筑工人。因此，建筑工地的包工制，延续了"拆分性劳动力用工模式"，将农村劳动力的使用与再生产纳入一个更受限制、更加压缩的空间，充分满足了资本的弹性积累需要② （任焰、贾文娟，2010）。建筑工地工人的集中使用，更加凸显了转型时期劳动者生产生活空间高度融合下的高压化劳动控制，也充分表明这一封闭生产生活空间中灵活的、限制性的、强制性的劳动用工体制③ （T. G. Suresh、余婷，2017） 对中国赶超型城市化和工业化发展所具有的重要意义和独特价值。

从历史角度看，从工业化经济发展到全球化经济，面向大众的、稳定的劳动就业时代已逐渐结束，"世界进入了弹性劳动与经济不稳定、工作不稳定时代"④ （罗宾·科恩、保罗·肯尼迪，2001）。在资本逐利的本性驱使下，发达资本主义国家的资本和技术在全球化时代不断向"后发型"国家转移，在全球经济一体化的过程中，发达资本主义国家和地区的资本、技术、管理经验与欠发达国家的廉价劳动力、丰富的能源和原材料、广阔的消费市场相结合，使得越来越多的国家和地区被紧

---

① 蔡禾，贾文娟. 路桥建设业中包工头工资发放的"逆差序格局""关系"降低了谁的市场风险 ［J］. 社会，2009，29 （5）：90.

② 任焰，贾文娟. 建筑行业包工制：农村劳动力使用与城市空间生产的制度逻辑 ［J］. 开放时代，2010 （12）：187.

③ T. G. Suresh，余婷. 城市建筑业的"包身工"：印度和中国的新劳动制度的形成 ［J］. 华东理工大学学报 （社会科学版），2017 （4）：201.

④ 罗宾·科恩，保罗·肯尼迪. 全球社会学 ［M］. 文军，译. 北京：社会科学文献出版社，2001：98-99.

密联系在一起，形成了一体化的全球市场。全球市场的形成，间接促成了全球化工厂就业体制的形成。在这一过程中，如何提升生产效率始终是资本主义劳动过程中关注的焦点。有效控制劳动力关系到资本主义生产的稳定，也直接影响到资本家对生产剩余的索取。因此，劳动过程和劳动控制始终是资本主义生产无法回避的重大现实性问题，也是学界长期关注和聚焦的重要学术命题。劳动过程理论源于马克思对欧洲资本主义生产实践的研究，被新马克思主义深挖而持续受到关注。进入全球化时代以来，资本主义投资和生产的全球化，推动了生产链条向全世界的扩散，分散的弹性用工、外包制用工体制和集中的"准军事化"用工体制相继生成。但资本家追求低成本、稳定使用劳动力和最大限度索取生产剩余的逻辑持续存在。在劳动控制理论中，不管是强制性控制还是主体认同，其本质是建立一种组织强化的整合型劳动秩序，目的是高效率使用劳动力，为雇主、资本家努力工作，其劳动控制手段既包括负向的控制与霸权，也包括正向的认同和激励，最终在于建立一种具有高度组织化、严密管理的高效劳动使用机制。弹性用工和"纯劳动"作为具体的劳动控制实践，发展型国家和地区因跨国企业生产而出现分散用工体制。外包企业通过转包、外包等方式，以最低成本将分散在本地社区、家庭的剩余劳动力，主要是家庭妇女、闲散人员等进行整合使用，从而来确保代工生产的稳定运行。在这个过程中，企业资方购买的是劳动，而非劳动力，从而大大降低了用工成本。发生在全球化时代的中国宿舍劳动体制，是处于全球价值链低端的本土组装企业为满足处于全球价值链高端的外国发包企业对加工规模、快速反应能力的要求而采取的集中化、规模化、低成本、高效率使用劳动力的用工体制，其本质就在于将劳动力的生产和再生产分割，将劳动的生产空间和劳动力的生活空间融合，从而方便高效率、低成本、规模化地使用劳动力。

第二节　文献总结与反思

农民工群体的出现和中国的现代化建设、市场转型密切相关。因此，对于农民工群体的学术研究和政策设计，基本上也是围绕市场转型、经济发展、社会稳定与秩序、社会建设等宏大命题而展开。在发展主义和现代化逻辑主导下的农民工研究和政策设计中，其角色设定大致可以归结为以下三种视角。

一、作为制度安排的农民工

在中国，户籍制度作为一项基本的政策设计和制度安排，经过改革开放 40 多年的发展，其作用虽然在弱化，但是仍然会对城乡社会居民产生重要影响①，比如，户籍会影响城乡劳动力的部门进入、职业获得和收入不平等②，城乡户籍的居民获得高中和大学升学机会的不平等有扩大趋势③，等等。其实，户籍制度的存在，更大地体现在对城市户籍

---

① 陆益龙.户口还起作用吗——户籍制度与社会分层和流动［J］.中国社会科学，2008（1）：2.
② 李骏，顾燕峰.中国城市劳动力市场中的户籍分层［J］.社会学研究，2011（2）：112.
③ 吴愈晓.中国城乡居民的教育机会不平等及其演变（1978—2008）［J］.中国社会科学，2013（3）：99.

居民和农村户籍居民在身份上的影响上，以及在社会角色和社会规范的定位上，在价值期待和社会心态的评价上。

农民工作为城乡差异化制度和政策下的城市他者，是城市的"外来人口"和非本地户籍的居民，也是人口管理制度下的流动人口、城市移民，更是社会阶层体系中的农民工阶层或农民工群体。因此，不管是从城乡制度、社会管理还是社会阶层视角来看，制度化的身份差异是农民工跟城市社会中其他社会群体、社会阶层的重要区别，在社会秩序和社会运行的诉求中，农民工总是被制度和政策设定、期待为社会的"守法者"，现有社会秩序的良性参与者和行动者，期待他们作为良性的、建设性的社会力量参与中国的现代化、城市化和工业化建设。

为此，有关农民工的学术研究和政策设计，充分讨论了在城市社区居住和生活的农民工，他们在城市社会中的空间分布和居住形态，如何嵌入他们的职业类型和收入水平；他们在城市社会中的社会流动、社会地位、社会交往、闲暇娱乐和关系网络，如何体现和改变他们的阶层地位和社会身份；他们在城市社会中的信息化适应、互联网使用、新媒体运行，如何提升和增强他们制度化的博弈能力和生存技能……在这个过程中，农民工身份和角色跟城市经济社会的融入程度越来越深，被城市发展和社区生活接纳的水平越来越高，并且农民工适应城市和融入城市的氛围越来越好，但如果政策设计和制度设置未能彻底改变，农民工作为城市"他者"和"流动人口"的属性始终会存在，其制度化的个体身份始终都不能摆脱。

制度限定下的农民工个体身份，对学术研究来说，提供了可供讨论和进一步研究的空间，学理的研究和分析，推动了农民工在学术制度体系中的身份改变；对政策设计和治理实践来说，提供了可以进一步突破和改变的空间，政策设计的优化和国家治理体系和治理能力的现代化，推动了农民工在制度身份和政策定位上的不断调整和改善。

二、作为劳动控制的稳定劳动力

马克思指出了高压、强制和专制是实现将工人的劳动力转化为实际的、有效的劳动的重要手段①，延续马克思主义立场的新马克思主义也认可强制在工人管理和劳动控制中的重要作用，但也逐渐转向认同、工人主体性，新技术、新经济则进一步释放了劳动者的工作自主权，综艺娱乐从业人员可以自由地追求意识形态幻象和娱乐至死。然而，即便是布洛维的"制造认同"本质上也是"隐蔽"在"霸权"体制下的剥削和控制，是对"专制"赤裸裸的剥削、控制和冲突的历史"进化"之下的补充与拓展，本质上未能偏离劳动过程的强制控制范畴。后现代化主义色彩的精益生产、后福特主义等，无非是打着"尊重工人主体性"的旗帜，对工人进行组织规训，从而通过更好地激发工人的劳动自主性来维系企业的扩大再生产。当前，新技术的发展，催生了分享经济和灵活用工的出现，劳动者的自主性不断得到释放，但平台的技术控制依旧使得新劳动者困在系统中。文化情感逻辑嵌入综艺娱乐产业的劳动管理，但终究敌不过作为"异常"被清除出系统背后结构性的资本市场力量。因此，从专制走向认同，再走向劳动者主体性释放，再到劳动者工作自主权增大和意识形态自我幻象的形成，劳动控制依然没有偏离如

---

① 游正林．管理控制与工人抗争——资本主义劳动过程研究中的有关文献述评[J]．社会学研究，2006（4）：100．

何最高效使用劳动力这一核心主题，依旧围绕如何更好地提升劳动力转化为劳动的效率、满足资本家对生产最大化利润的追求这一根本目标，内在延续地基于从强制到认同再到自主的规训逻辑来最大限度地占有劳动力和提升劳动使用效率。

三、作为组织化生产要素的农民工

客观上来说，中国改革开放的早期阶段，境外国家和地区的资本、技术、先进管理经验与国内的土地、劳动力等生产要素在中国东南沿海地区实现了高效结合，从而创造了中国经济发展的奇迹，助推中国发展成为全球性生产制造基地。在这个背后，离不开以广大农民工群体为代表的劳动力要素，正因为农民工群体在沿海地区大规模聚集，才构成了中国生产制造的中坚力量。农民工作为劳动力市场的成员个体，亲身参与中国的城市建设和工业生产，作为产业发展和经济建设的劳动者身份获得了制度性认可。2008 年 3 月 28 日发布的《国务院关于解决农民工问题的若干意见》中指出："农民工是我国改革开放和工业化、城镇化进程中涌现的一支新型劳动大军；大量农民进城务工或在乡镇企业就业，对我国现代化建设作出了重大贡献。"[1] 国务院 2014 年 9 月 30 日发布的《国务院关于进一步做好为农民工服务工作的意见》中，进一步明确了农民工制度化的身份，指出"农民工已成为我国产业工人的主体，是推动国家现代化建设的重要力量，为经济社会发展作出了巨大

---

[1] 国务院关于解决农民工问题的若干意见（国发〔2006〕5 号）［EB/OL］. 中国政府网，2008-03-28.

贡献"①。可见，作为中国产业工人重要组成部分的农民工群体，从生产和发展的角度来看，他们是以组织化的群体身份出现在中国的产业发展和经济建设中的。

因此，从学术研究和政策设计上来看，他们作为劳动力市场的主体和城市建设、工业生产的生力军，主要关注他们在劳动力市场上的表现和遭遇，既包括研究和分析他们在不同城市、地区之间的流动性，也研究和分析他们在不同企业、岗位上的流动性；既研究和分析不同地区的劳动政策和社会保障的区域差异、城市差异和企业差异，也研究和分析他们做出迁移和流动的决策机制和动机，进入不同城市地区和企业岗位的选择与差异。同时，还关注他们在劳动关系和生产过程中的遭遇和感受，研究和分析的内容包括劳动合同和劳动管理、劳动环境和劳动保护、生产自主性和参与性、劳动技能和培训、劳动权益和工作时间，等等。

组织化生产要素视角下的农民工，对学术研究来说，可以基于定量的问卷调查和定性的访谈资料，采用定量研究、定性研究和定量定性相结合的方法来揭示出不同地区、不同城市、不同行业、不同岗位、不同类型农民工在企业生产和日常劳动过程中的个体遭遇及差异背后的内在机理和影响机制；对政策设计来说，面向农民工产业工人身份的政策干预，建立起劳动合同、工资权益、关系调解、劳动保护、生产安全、社会保障等全方位、全过程的治理体系，维护了农民工作为产业工人的合法权益和政策保障。

_____

① 国务院关于进一步做好为农民工服务工作的意见（国发〔2014〕40号）［EB/OL］. 中国政府网，2018-09-30.

四、作为日常生活主体的农民工

市场转型以来，政府主导的现代化或城市化发展模式主要塑造了两种主导性的社会秩序类型：一种是早期的发展型政府，地方政府作为区域发展的主导力量，在政策执行和制度设计上倾向于发展性的力量，如注重招商引资、看重生产要素的聚集、重视城市环境的打造等，通过充分调动辖区内的各种资源和力量，实现经济发展和城市崛起；另一种是不断发展和完善的保护型政府，在推动经济发展和城市崛起的同时，也看重社会建设和社会保护，重视生态文明和环境治理，重视文化建设和城市公共文明，在推动国家治理体系和治理能力现代化的过程中，不断夯实政治合法性，将广大人民群众，包括农民工群体，视为良性的社会力量和社会建设的参与者，具有自我管理、自我服务和自我发展的良性治理单元。可见，不管是从生产建设的要素化角度，还是从社会建设的良性治理角度来看，都缺乏一种从日常生活、农民工主体地位的角度来探讨和分析农民工微观生活和日常表现的研究。

因此，不同于生产效率的发展逻辑，也不同于保护型政府自上而下的治理逻辑，未来迫切需要重构基于日常生产的微观行动逻辑来理解和研究农民工的生活轨迹和脉络，尤其是在中国特色社会主义进入新时代这一宏大背景下，如何理性看待和科学厘清农民工群体跟政府之间的关系及变动，这就需要从农民工主体的劳动周期着手，详细分析他们在劳动周期变化过程中如何选择看待跟政府的关系及基本立场，才能真正有效地理解农民工主体视角下的农民工群体形象。

五、不同社会秩序和整合模式的比较分析

当前有关农民工研究的视角和逻辑，即如何推进流动的农民工群体成为城市建设、产业发展和社会治理的良性力量，有以下四种模式：第一种是基于传统文化资源在当下社会的重构，回归传统文化和文明中寻找建设性的资源用于当下的秩序重构；第二种是改革开放以来形成的基于利益的市场整合，在尊重个人劳动权利和个人价值的基础上，通过参与经济发展来重塑人与人之间的关系；第三种是政府主导下的权力整合，以国家为中心，建立起调节人与人之间、群体与群体之间的连接纽带和机制；第四种是新技术环境下自发社交性互动所达成的秩序整合，在这个过程中，新技术以及基于新技术应用的平台、APP 等成为人际关系和社会秩序连接的中轴。

具体来看，上述四种类型的连接机制和整合模式可以总结如表 1-1 所示。

表 1-1　不同社会秩序的连接机制和整合模式分析

模式类型	基本特点	成本与收益分析
政府主导下的权力整合	统合主义：权力干预和整体支配，协同治理，纵向深入	存在泛政治化倾向，局部会出现过于依赖行政权力导致社会治理活力缺失的后果 社会治理有效和社会运行有序，具有较强的合法性和科层组织体系的严密性，但也存在组织庞大导致基层权责不对等、末端治理有效性有待提升、农民工治理的地方保护主义倾向问题

续表

模式类型	基本特点	成本与收益分析
市场经济下的利益整合	效率机制：社会分化下的利益再整合，建设法治经济	市场转型的发展导致低度社会化和高度利益化并存，同时传统社会和计划经济时代的劳动价值未能得到有效传承 利益分化和关系简洁，出现了利益的多元化和力量的多样化，需要借助劳动者和消费者的生产—消费关系来重塑多元化的利益格局，这也导致了工具理性泛滥和异化的存在
传统文化资源的再利用	文化治理：文化再造和文明重建下的社会秩序构建	回归传统和重拾社会主义传统价值，实现现代性与传统文化、计划经济时代价值观的融合，但也面临着传统文明和现代文明的冲突 民众具有较强的集体记忆，具有较好的社会基础，能够充分发挥传统文化和计划经济时代社会主义核心价值观的整合功能，在管理理念和劳动价值方面影响了农民工
新技术环境下的自发社交性互动	技术治理：回归个体，借助技术力量建立横向连接，重塑社会信任和个体责任	在创新驱动战略的主导下，政府主导技术发展，通过引入新技术、新应用建立起新的基础性社会秩序框架，技术成为新时代社会连接和整合的主轴 个体之间不确定的、随机的社会交往和联系，通过技术干预和新技术应用变得可以监测和可控，从而建立起新技术主导下的社会化监督和制约机制

从实际效果来看，上述四种类型的社会秩序和整合模式各有利弊，其中，政府主导下的权力整合十分有效，但建设和维持的成本较高，投入巨大而收益无法准确估量，一定程度上农民工治理的泛政治化并不利于农民工问题的解决；市场经济下的利益整合，释放了个体的创造性与活力，也使得追求物质成功和资源占有成为衡量和评价社会成员成功的标准，间接否定了形而上的价值观、道德观的作用，导致了工具理性泛滥和社会共同体意识的弱化，农民工被抛向市场，成为独立的社会主体，但相应的社会政策和社会建设尚未跟上；回归传统文化整合的观点，视发展为破坏性力量，主张传统伦理和关系回归，力求恢复历史经验中的整合资源，如家庭主义原则、非正式社会联系中的社会资本等，但在一个完全不同于传统的现代都市社会或市场社会中，传统文化只能在现代组织失灵的领域或者局部且同质性的范围内发挥作用，面对异质性和多元化的现代社会，传统的特殊主义价值如何扩展和应用到城市的陌生人社会面临诸多挑战，对农民工群体来说，传统的文化价值和地缘血缘关系网络可以发挥较强的支持功能；技术整合虽然有效，并且运行成本相对于权力整合要低，但也面临着伦理道德问题和个人隐私被侵犯的质疑，但随着国家创新驱动战略的推进，农民工治理的技术干预也随之不断发展演变。

因此，对农民工来说，始终面临着国家、市场、技术和社会文化多重力量的影响和作用，作为制度约束下的流动人口，他们始终面临着户籍制度、住房制度、流动人口管理政策等国家力量的影响；作为组织化生产要素的劳动力，他们始终面临劳动力市场变化、企业管理等市场力量的影响；作为在城市生活的外来人口，他们始终面临着城市社区、阶层群体等社会力量的影响；作为进城务工的农民，他们难以摆脱传统文化、乡土观念等文化力量的影响。多种力量和多重身份的交织叠加，决定了任何采用单一视角和简化逻辑来看待农民工的权利意识和权力关系，都是不可取的和存在局限性的，需要将农民工置于政府主导的社会结构中，将他们的劳动周期和生命周期相结合，基于他们在劳动力市场的遭遇和对政府的期盼诉求，分群体类型、分权益谱系进行针对性的探讨，才能真正厘清和弄懂农民工权益问题和政府治理之间的关系和逻辑。

第二章

研究设计

当前，有关农民工进城、就业、融入等方面的社会学研究多遵循线性进化的研究逻辑，指出了农民工的理性渐进生成及生存理性向经济理性、社会理性的跃迁（文军，2001；蔡禾、王进，2007；刘成斌，2007；熊波、石人炳，2009；郎晓波，2009；李培林、田丰，2011；熊易寒，2012），并且宏观的经济社会结构也有助于农民工理性的层级转化（何海涛、许涛，2005；王中正，2006）。在政治学领域中，相关研究却揭示农民的生存理性决定农民的政治参与或政治"冷漠"（胡荣，2001、2002；彭正德，2010），以及农民生存理性的扩张造就了"中国奇迹"（徐勇，2010）。为何社会学研究呈现出农民工的生存理性向社会理性的跃迁，而政治学研究却揭示农民向生存理性的回归？这其中是否跟农民工接受了现代化和城市生活经历的洗礼，而农民受制于乡土生活经历的影响有关？现代化理论认为"现代化过程会带来个人在思想上、观念上、态度上及价值观方面的改变"（戴维·波普诺，1987），在这个过程中会出现"人格的现代化"（英克尔斯，1985）和"从传统人到现代人"（英克尔斯，1992）的转变，即"工厂经历、大众传播媒介、城市生活和学校教育使人具有现代性，使传统人变为现代人"（英克尔斯，1992）。可见，不同于乡土社会的农民，进城的农民工在现代化、城市化和工业化生产生活方式的形塑下，出现了从生存理性向社会理性的跃迁和现代化生活方式的渐进生成。

问题在于，农民工的生存理性向社会理性的进化是可持续的吗？现实情况可能不尽然。2011 年以来，农民工群体出现了一些新变化，突出体现在他们的利益诉求上：2011 年上海赫比罢工、百事可乐五厂联合罢工和深圳海量罢工，提出追讨历史欠账；2012 年新加坡伟创力在上海嘉定、深圳横岗的两家工厂罢工，提出工龄补偿金诉求；2014 年 4 月，东莞裕元工业集团工人罢工事件，提出以全薪（含基本工资、加班工资、奖金等）而非底薪购买社保；2015 年 7 月 7 日，深圳迈锐光电科技有限公司工人维权，要求依照目前工资计算标准和法定假期工资支付标准补缴工人的加班费用差额、依据现有法律补缴养老保险和住房公积金。可见，不同于早期要求追讨欠薪（全国总工会新生代农民工问题课题组，2010；潘毅、吴琼文倩，2013；郭于华、黄斌欢，2014）、增加工资（李培林、李炜，2007、2010；李培林、田丰，2011）、改善工作环境（蔡禾，2010）等现实性权益诉求，新一轮的权益诉求可称为"权益回溯"，即农民工的权益诉求不再局限于向前看，而呈现显著的"回溯"特征，他们基于当前规范化、高标准的劳动政策，要求企业资方对过往的"权益受损"或"权益忽视"进行历史回溯和价格补偿，政府自觉不自觉卷入，从而引发治理过程中的"纠错困境"。可见，农民工基于当前的制度设置和政策标准进行权益回溯的行为明显与农民工社会理性的观点相悖，并且权益回溯的诉求事实上表明农民工向生存理性的回归。这一独特的群体性行为是如何发生的，以及如何理解背后的因果机制呢？

　　理解农民工群体的发展演变和利益表达，有四种力量需要考虑，分别是国家—政策、市场—技术、社会—组织和个体—网络，并且其中存在着内部差异、外部交互等多重关系，需要分类澄清和叠加理解，从而能真正理解当下农民工的权益回溯给政府带来的"纠错困境"背后的内在机理和作用机制。

　　一是国家—政策。其中，国家的直接体现就是政府治理，包括中央政府治理和地方政府治理双重力量，中央政府侧重宏观运行及效果，地方政府关注微观执行及绩效；政策的直接体现就是制度设计和政策执行，中央政府负责全国层面的顶层设计和制度设置，而地方政府在执行中央政府顶层设计意图的基础上，结合本地实际情况的特殊性和发展阶段、水平，具体负责政策的实施和落地。进一步来看，政府治理既存在央—地的一致性，也存在着不一致性，但发展经济和做大人民的根本利益不存在差别；中央政府的顶层设计和地方政府的政策执行也存在偏差，选择性执行往往不可避免。同时，国家政策的适应存在着因时因地而调整变化的情况，政策的文本内容不可能没有调整，但政策的具体执行可能出现很大变化。

　　二是市场—技术。其中，市场更多是从经济周期性发展、劳动力市场运行和企业管理来看，既包括劳动力市场整体的运行和实践，也包括企业内部劳动力市场的生产和管理，两者紧密相关，同时劳动力市场运行深受嵌入全球化发展和全球经济周期性运行的影响。市场的高速发展会推动劳动力市场和企业管理快速变革，而市场的波动和下行也会影响劳动力市场和企业管理的"紧缩"。技术既包括科学技术的发展进步，也包括国家治理技术、组织管理技术等的发展变迁，科学技术的发展和变革可以深刻地改变经济发展模式，劳动力市场运行和企业生产管理的生态环境，甚至可能会重构出新的发展形态和运行模式；国家治理技术和组织管理技术，既受制于科学技术革新的影响，也受制于文化消费、人口代际、心态舆论、制度政策等外部社会性因素的影响，还受制于治理技术、管理技术等内生演变发展的影响。在诸多技术组成中，科学技术变革和普及性应用往往处在最核心的地位，往往具有重要驱动和辐射的影响力。

三是社会—组织。其中，社会作为一种力量，往往通过社会组织、社会团体、社区机构等产生作用和发挥影响。党的十八大以来，在打造共建共治共享社会治理格局中，在突出和强调基层党委的统领和核心作用下，发挥各种社会力量的正面作用，不断推进和完善协同治理，从而实现从加强政府的监管、管控向由实现政府和非政府组织"共管共治"的转变。其中，如何调动和发挥社会组织、社会力量的作用，就成为社会治理重点思考的问题。随着中国互联网技术的发展，以各类互联网平台、自动化生产设备为代表的技术力量，全面介入生产生活和社会治理，重构了生产生活秩序的基础框架，为新时代保护和提升农民工合法权益提供了重要契机。

四是个体—网络。农民工作为生产制造的主力军，也是城市社会的流动人口，越来越呈现出由个体流动向家庭流动的转变，家庭迁移成为农民工外出的重要方式，"2014 年、2015 年调查数据表明农民工举家迁徙的比例是 20%—30%，而 2019 年调查数据表明新生代农民工举家迁徙的比例已经高达 60%"①。对于大多数农民工而言，各种先赋性和自

---

① 城镇化加速 农民工举家迁徙比例达 60%［N］．中国改革报，2019-06-05.

致性关系网络就成为最重要的社会支持和可以动员的资源力量。相对于国家—政策、市场—技术来说，农民工个体—网络的力量相对比较弱小，在遭遇到企业管理不公平、劳资纠纷处理不合理时，农民工群体往往倾向于借助同乡同业的关系网络组成非正式的团结力量来维护自身的权益。

第一节　基本概念

一、概念界定

在本研究中，不同农民工群体类型对国家政策有着不同的需求和期盼，尤其是党的十八大以来，中国的综合国力和经济实力不断提升，更是深刻地改变了国家跟个体，包括国家跟农民工的关系。其中的一个突出表现就是，民众的爱国热情不断高涨，对中央政府的信任度越来越高，2018年全球信任度调查报告显示"中国民众对政府的信任度较上一年上升了8个点，以84%的信任度领跑全球"①，该调查报告还揭示，中国民众对政府、媒体、企业及非政府组织（NGO）这四类机构的平均信任度位居全球第一。早期也有研究显示，农民对以中央和省级层面为代表的高层政府的信任度较高，而以市县级、乡镇级为代表的基层政

---

① 美国公关巨头年度报告：中国民众对政府信任度蝉联全球第一 [J]．公关世界，2018（1）：3.

府的信任度却偏低①（胡荣，2007）。对农民工来说，信任政府也蕴含着对政府的期待，潜藏着对政府干预的预期。随着中国经济不断发展和社会建设不断完善，有关农民工的社会政策和社会服务也在不断推进和优化，制度政策的环境变化，一定程度上也改变了农民工对政府的预期。

基于当下政策制度的完善，以及农民工预期的改变，从农民工和国家关系出发，本研究的主要概念研究包括以下四方面。

（一）生存理性

在黄平（1997）看来，所谓"生存理性"是指农民为寻求生存甚至维持糊口而非在市场下追求利润最大化，是中国农民在现实面前做出种种选择的首要策略和动力②。文军（2001）在延续社会学理性选择理论的基础上提出"社会理性"的概念，指出人的行为也有非理性的一面，制度和文化对个人偏好和目的发挥了重要影响，根据人们追求目标的不同假设，人的理性行为包括三个层次：生存理性、经济理性和社会理性。通常，生存理性选择出现在农民外出就业的初期阶段，随着外出寻求就业次数的增多和时间的拉长，社会理性选择和经济理性选择将表现得越来越突出。

在借鉴黄平的生存理性和文军理性行为三层次说的基础上，本书认为应该从农民工的生命周期和劳动周期的全过程来看待农民工的理性

---

① 胡荣. 农民上访与政治信任的流失［J］. 社会学研究，2007（3）：178.
② 黄平. 寻求生存：当代中国农村外出人口的社会学研究［M］. 昆明：云南人民出版社，1997：2.

观。一是农民工的理性更多是基于现实抉择的结果。随着农民工劳动周期（劳动能力的变化）和生命周期（个体年龄的变化）的发展，农民工会对个体生存的基本需求及需求内容的轻重缓急进行排序，并从个体生存最优的角度来进行利益表达和行为选择；二是农民工的理性存在反复性。农民工的理性演变并非沿着生存理性、社会理性等线性进化并不断提升，而是基于现实选择和个体遭遇处境的周期性演变，具有较为明显的反复性特征；三是农民工的理性并非一成不变，也并非多重内容的简单排列，而是呈现出轻重缓急的谱系特点。通常情况下，最迫切需要解决的问题成为农民工最基础和最核心的理性诉求。

（二）权益回溯

权益回溯本质上是基于劳动权提出的劳动权益补偿，其前提条件是农民工无法通过劳动权交换市民权，又面临着退出城市劳动力市场所需要解决的退休养老的难题。因此，在本研究中，所谓权益回溯是指农民工依照现有劳动合同法、最低工资等政策法规设定的最新法定标准，要求资方重新评估已经发生的劳动过程和重新核算已经结束的劳动成果，要求企业资方对过往的"权益受损"或"权益忽视"进行历史回溯和价格补偿。在实践中，权益回溯往往跟政策有关，其权益回溯的对象并不针对企业资方，而是针对国家政策，也即政策的执行方——地方政府。

在本研究中，权益并非指劳动过程、劳动纠纷等所形成的实际利益，或可计算的利益份额，而是指因政策完善而引发、因个体主观认知判断所形成的"利益诉求"。本质上来看，是指农民工，尤其是即将退出劳动力市场的农民工，基于当下的政策制度而对过往利益进行估算的主观认定。因此，在研究过程中，这一概念不包括具体的行动，而仅仅指农民工的诉求和期待。

（三）"纠错困境"

农民工治理工作面临的最大问题就在于中间机制、中间地带和中间组织的缺失，不同于计划经济时代的国企工人，也不同于体制内的工作人员，由于缺乏"单位"这一中间组织，高流动性的农民工遭遇利益受损和进行利益表达时，通常会直接指向政府。

在本研究中，所谓政府治理过程中的"纠错困境"是指在官民互动过程中，民众基于当下不断完善的某种法理标准或政策依据提出合法诉求，同时基于当下完善的法律法规、政策制度等提出对过往权益的合法性回溯，这在实际处理过程中导致政府不能也很难解决，甚至解决民众诉求所需的成本和产生的后果可能远高于理想预期，并且一旦基于现有的法律基准和政策水平解决权益回溯问题就会面临着普遍的同类诉求，从而导致各种群体性事件或集体行动的重复性出现。

需要指出的是，由于权益回溯并非指涉具体的行动，政府面临的"纠错困境"，也不是政府因应这一现象需要做出的行动，而是指政府今后所不得不面临的趋势性现象或问题，尤其是随着国家治理体系不断完善、国家治理能力不断现代化，权益回溯的趋势性现象必将对国家治理带来一定的挑战。

（四）农民工代际区分与成长型农民工、稳定型农民工和退出型农民工

有关农民工群体的代际区分，相关学者进行了大量探讨。韩长赋将

农民工划分为三代：第一代是 20 世纪 80 年代出来打工的，这批人亦工亦农，离土不离乡；第二代大多是 20 世纪 80 年代成长起来的，是目前农民工的主力军；第三代则是 20 世纪 80 年代和 90 年代出生的。他认为，第二代和第三代农民工是农民工的主体，也就是新生代农民工。同时，韩还分析了 90 后农民工的特征，他认为这一群体对土地和农村的依恋减少，进城打工是为了改变自己的生活，不想回农村；城市文明对他们具有巨大的吸引力，生活相对优越，忍耐力和吃苦精神不及父辈，在服务行业就业的比例上升；心理平衡较差，难以接受"被歧视"，已经具有了朴素的但有些盲目的平等和民主观念，对城乡差距、一城两制现象不认同，要求平等就业、平等权利①（韩长赋，2010）。当然，更受学者关注的就是新生代农民工。王春光认为，农村流动人口出现了代际差异，出生于 20 世纪 80 年代的农村流动人口比老一代有更多的机会和条件接受学校教育，知识水平比其他农村流动人口高，参加务农的时间和机会相对少，这在一定程度上影响了他们外出的动机以及发展。因此，新生代农村流动人口表现出不同的社会认同②（王春光，2001）。自此之后，很多学者也对这个群体进行了划分和研究，并逐渐提出了新生代农民工的说法和划分标准（王春光、罗霞，2003；赵芳，2003；王新周，2008；符平，2009）。目前通用的划分标准是以 1980 年作为分界线。

　　同时，相关研究也对新生代农民工群体进行了深入研究。例如，杨菊华（2010）认为新生代流动人口在劳动就业、社会保障、身份认同

---

① 韩长赋. 谈关于 90 后农民工 [N]. 人民日报，2010-02-08.
② 王春光. 新生代农村流动人口的社会认同与城乡融合的关系 [J]. 社会学研究，2001（3）：201.

等方面展现出"五低""二差"的特点，即职业声望低、收入水平低、保障程度低、标准劳动时间低、身份认同低，就业行业差、住房条件差。他们越渴望融入城市社会，成为新市民，理想与现实之间的冲突也就越深，因此出现"渴求—失落—退缩"的怪圈①。王兴周（2008）通过定量数据分析认为，新生代农民工具有较高的人力资本和个人素质；有理想，有目标；注重市场原则；更有平等意识；独立自主意识更强②。吴红宇和谢国强（2006）发现，新生代农民工的性别构成有所改变、文化程度明显提高、求职和生活的社会网络效应增强、职业变换多且快，并且有主动融入社会环境的要求③。潘毅、任焰（2008）认为农民工群体内部出现了代际的更替和分野，新生代农民工相比第一代农民工对城市实现了一定的心理认同，融入城市的欲望更强烈。他们将新一代农民工和土地联系减少这一过程称为"精神圈地"。这种过程使得新生代农民工陷入进退两难的境地：既不可能从农民变成城里人，也不可能回到农村④。精神圈地不仅体现在身份认同上，还体现在新生代农民工的集体行动上。潘寄青、谭海燕和李娜（2009）发现新生代农民工选择出来务工具有经济型和生活型并存的特点，即在考虑赚钱的同时，更考虑把出来务工作为改变生活状态和人生道路的一种途径，对职业的期望值也要高于老一代，同时他们也看到了新生代农民工面临着城乡二

---

① 杨菊华. 对新生代流动人口的认识误区 [J]. 人口研究，2010（2）：35.

② 王兴周. 新生代农民工的群体特性探析 [J]. 广西民族大学学报（哲学社会科学版），2008（7）：124.

③ 吴红宇，谢国强. 新生代农民工的特征、利益诉求及角色变迁——基于东莞塘厦镇的调查分析 [J]. 南方人口，2006（2）：87.

④ 潘毅，任焰. 国家与农民工：无法完成的无产阶级化 [J]. 21世纪，2008（107）：67.

元体制的制度性障碍、知识和技术的瓶颈，以及权益难以得到充分保护等问题①。胡晓红（2009）认为新生代农民工在对自己身份做总体性的认知和评价时，呈现出模糊性、不确定性和内心自我矛盾性等特点，他们是心灵上的"漂泊一代"，这导致了认同困境与身份焦虑②。刘传江借用"内卷化"概念，认为新生代农民工的社会认同呈"内卷化"趋势，融入城市面临障碍，认同于自己这个特殊的社会群体，不认同城市社区和农村社区③（刘传江，2009）。上述有关新生代农民工群体特征的研究可以总结为表 2-1 所示。

表 2-1　现有文献关于新生代农民工特征的描述与分析

研究内容	主要观点
概念界定	新生代农民工的提出，概念的界定，以 1980 年为划分标准
总体描述	打工历程，半阶级化过程，人力资本和个人素质高，务农经历少
流动与换工	职业期望高，发展型发展需求，倒"U"形流动轨迹
工作状况	收入低，保障差，从事行业差
消费与生活	消费观念接近城市人，婚恋观受城市影响
社会认同	"内卷化"趋势融入，边缘人，两栖人

在本研究中，新生代农民工概念具有重要的参考意义和比较价值。在遵循农民工出生年代划分的基础上，依据农民工的生命周期和劳动周

---

① 潘寄青，谭海燕，李娜. 新生代农民工城乡转移及就业路径探析［J］. 中国青年研究，2009（10）：156.

② 胡晓红. 社会记忆中的新生代农民工自我身份认同困境——以 S 村若干新生代农民为例［J］. 中国青年研究，2008（9）：201.

③ 刘传江. 新生代农民工的特点、挑战与市民化［J］. 人口研究，2009（2）：145.

期的变化，笔者将农民工区分为成长型农民工群体、稳定型农民工群体
和退出型农民工群体。其中成长型农民工群体是指年龄较小且进入劳动
力市场时间较短的农民工，稳定型农民工群体是指中年且具有较强的劳
动能力和较丰富的劳动经验的农民工，退出型农民群体指年龄较大且面
临退出劳动力市场的农民工。在具体的研究中，更多基于成长型农民工
和退出型农民工进行比较分析。

二、农民工政策的线性演变

农民工政策制度的完善和改进，通常是因应实际情况的发展变化和
经济社会发展水平不断提升而做出的反应。在政策设计和制定过程中，
尤其注重自身的发展逻辑和变迁规律。具体来看，不同时期政府出台的
不同政策为农民工当时面临的主要难题提供了相应的保护和支持。职业
自由选择制度试图保障农民工的自由流动权和自由择业权；工资支付保
障制度试图维护农民工的工资权利；工伤保险和养老保险制度试图保障
农民工的社会福利；公租房和廉租房试图保障农民工在城市的居住权；
公办小学向农民工子女开放政策保障了部分农民工子女的受教育权；积
分入户政策在一定程度上提供了享有城市居民同等市民权的机会；从农
民工群体中招录公务员也试图探索让农民工和大学生及其他群体一样享
有一定的向上流动的政治权利。虽然政府自上而下设计的一整套涵盖农
民工经济利益、政治权利、居住教育权益的制度体系，存在着覆盖范
围、质量保障等不足之处，但是基本上有效地改善了农民工的境遇和维
护了他们的合法权益。

具体来看，农民工作为制度建构的一种社会身份，其权利实现和权

益保护与国家出台的政策和法规密切相关。某种程度上，农民工的权利获取与权益保护过程可以等同为国家颁布的各种政策文件和制度规定的变迁历程。蔡禾等（2010）梳理了自 1978 年以来国家颁布的各种农民工政策与制度指出，农民工在城市的权利包括就业权、社会保障权和市民权。从改革开放 30 多年来国家政策保护的历程来看，农民工大致经历了从就业权向职业保障权，再向市民权发展的变迁过程①。

制度政策松绑为农民工自由流动和职业创造了空间。1993 年党的十四届三中全会提出“改革劳动制度，逐步形成劳动力市场”，标志着农民工在城市的就业权利得到承认；2003 年，中共中央提出要“取消对农民进城就业的限制性规定，逐步统一城乡劳动力市场，加强引导和管理，形成城乡劳动者平等就业的制度”；2004 年，中央一号文件提出要“放宽农民进城就业和定居的条件”。面向城市劳动力市场和农民工取向的政策，为农民工在城乡之间“平等流动”和在城市“自主择业和平等就业”奠定了坚实的基础。

农民工社会保障权始于社会保险权利。2004 年 6 月，劳动和社会保障部在《关于农民工参加工伤保险有关问题的通知》中强调：“农民工参加工伤保险、依法享受工伤保险待遇是《工伤保险条例》赋予包括农民工在内的各类用人单位职工的基本权益，各类用人单位招用的农民工均有享受工伤保险待遇的权利。”2004 年 6 月，劳动和社会保障部出台的《关于推进混合所有制企业和非公有制经济组织从业人员参加医疗保险的意见》明确要求“各地劳动保障部门把与用人单位形成劳

---

① 蔡禾，等. 城市化进程中的农民工——来自珠江三角洲的研究［M］. 北京：社会科学文献出版社，2009：4.

动关系的农村进城务工人员纳入医疗保险范围"。农民工子女的教育权不断受到重视。2003 年国务院转发教育部文件规定"进城市务工就业农民流入地政府负责进城就业农民子女接受义务教育,以全日制公办中小学为主";2007 年中央一号文件提出"坚持以公办学校为主接收农民工子女就学,收费与当地学生平等对待";2016 年实施的《国务院关于统筹推进县域内城乡义务教育一体化改革发展的若干意见》提出,要"强化流入地政府责任,将随迁子女义务教育纳入城镇发展规划和财政保障范围,建立以居住证为主要依据的随迁子女入学政策,依法保障随迁子女平等接受义务教育"。农民工的居住权和公共文化服务权也不断完善。2008 年中央一号文件要求各地"探索在城镇有稳定职业和固定居所的农民登记为城市居民的办法",进一步维护和保障了农民工在城市的居住权利;2013 年的中央一号文件,提出要"把推进人口城镇化特别是农民工在城镇落户作为城镇化的重要任务";同年,国务院印发的《关于进一步做好为农民工服务工作的意见》,进一步提出"着力推动农民工逐步实现平等享受城镇基本公共服务和在城镇落户"。

劳动合同保护也不断完善,农民工劳动权益的法治化保障水平也在不断提升。2006 年,中央一号文件提出要"严格执行最低工资制度,完善劳动合同制度";2008 年实施的《中华人民共和国劳动合同法》在明确劳动合同双方当事人的权利和义务的前提下,重在对劳动者合法权益的保护,被誉为劳动者的"保护伞",其中无固定期限劳动合同有效保障了农民工的合法权益;2010 年《城镇企业职业基本养老保险关系转移接续暂行办法》规定,"包括农民工在内的参加城镇企业职工基本养老保险的所有人员,基本养老保险可在跨地区就业时同时转移";

2014年，人力资源和社会保障部印发《实施"全民参保登记计划"的通知》，提出要"大力实施全民参保登记计划，做好农民工跨地区流动就业社会保险关系转移接续等工作"。

日渐宽松的积分入户政策有效解决了农民工的市民身份问题。广东省中山市是国内最早实行积分入户政策的城市，规定了具有固定居所和社保年限为条件的入户途径，为农民工入户中山成为城市居民创造了条件和机会。随着近年来人口和经济形势的发展，在广东省内的东莞，积分入户政策变得更具包容性。2018年东莞取消了"积分入户"，实施"两个五年"的入户政策，即稳定就业满5年且参加社会保险满5年可入户东莞。在浙江的宁波，2017年3月22日起施行的《宁波市流动人口量化积分申评办法（暂行）》规定：在宁波居住并持《浙江省居住证》的流动人口，可向居住地申请流动人口量化积分。申请人可凭积分向居住地申请享受相应的公共服务和便利，或申请办理入户手续。

此外，农民工的受救助权、政治权利和文化权利也逐渐被政策确认。2008年《中华人民共和国社会救助法（征求意见稿）》明确提出，农民工作为中华人民共和国公民享有"申请和获得社会救助的权利"。2007年第十一届全国人民代表大会代表名额和选举问题的决定草案中首次提出"中国将首次在不断壮大的农民工队伍中产生全国人大代表"。相关统计数据表明，2018年十三届全国人大一次会议上，全国人大代表中农民工的数量增加到45名①。2011年，党的十八大选举工作启动之初，党中央就明确要求，"要较大幅度提高工人党员代表比

---

① 致敬40年｜首个农民工全国人大代表胡小燕：改革开放改变了我的命运 [EB/OL]．百度，2018-12-13.

例，其中包括适当数量的农民工党员代表"，在党的十八大全国代表大会上，共有 26 名农民工党员进入十八大代表行列①。2016 年，文化和旅游部、国务院农民工工作领导小组办公室、全国总工会联合印发《关于进一步做好为农民工文化服务工作的意见》，提出要"切实将农民工纳入城镇公共文化服务体系，到 2020 年，全面实现农民工平等享受城镇基本公共文化服务"。

因此，与农民工有关的政策制度及渐进式完善，对于我们理解农民工群体的权益回溯以及政府面临的纠错困境，具有重要的政策意义和学术价值。

第二节 研究思路与框架

2018 年是中国经济全面步入新常态的新阶段。国家统计局数据表明，2018 年中国 GDP 为 90.03 万亿元，增速为 6.6%；2018 年全国居民人均可支配收入 2.82 万元，比上年实际增长 6.5%。经济发展水平的稳步上升和人民生活水平的不断提高，极大地改变了人们的自我认知和价值心态。实际上，相关研究也表明，在经济快速发展、物质极大丰富的条件下成长起来的人们，其价值观和权益意识也随之发生变化。罗纳德·英格尔哈特（1971）就指出："发达工业社会的政治文化可能正在经历一场转型。它似乎正在改变特定几代人的优先价值观，因为条件的

---

① 农民工党员代表首次以群体形象"亮相"全国党代会 [EB/OL]. 中国政府网，2012-11-05.

变化影响着他们的基本社会化过程。"① 在这个过程中，成长在不同的经济条件、社会环境和技术背景下的人口世代，其价值观的取向和权利诉求的表达，呈现出明显不同的趋向，在罗纳德·英格尔哈特（2013）看来：大量的证据显示，从物质主义到后物质主义优先价值观的代际转变已然发生。② 较年轻的人口世代将诸如归属感、尊重、审美和知识需求之类的"后物质主义"目标置于首位，而跟人身安全直接相关的物质必需品等"物质主义"目标则处于相对次要的位置。

改革开放40多年的发展，不仅极大地改变了中国社会物质匮乏的面貌，而且极大地影响了新生代人口的社会化环境和成长历程，目前虽无直接有效的证据支持当代中国青年人口世代出现了普遍的价值观转型，实现了从物质主义价值向后物质主义价值的转变，但就实际情况来看，新生代人口（指20世纪80年代以后出生的人口世代），包括新生代农民通常会倾向于按照轻重缓急赋予自己最紧迫的需求以最大的价值，进而呈现出特有的价值观特征，并且他们未成年阶段的生活条件和成长过程可能会影响自己日后的选择，从而影响他们的行为取向。为此，本研究基于代际视角，探讨不同年代的农民工在劳动力市场中不同的际遇，以及这种差异化的际遇如何影响不同年代农民工的身份定位和利益诉求，进而因代际差异、身份定位所建构出的权益诉求如何诉诸并影响政府及政府治理，就构成了本研究的基本问题。

---

① INGLEHART R. The Silent Revolution in Europe: Intergenerational Change in Post-Industrial Societies [J]. The American Political Science Review, 1971 (4): 991-1017.

② 罗纳德·英格尔哈特. 发达工业社会的文化转型 [M]. 张秀琴，译. 北京：社会科学文献出版社，2013：239.

　　中国的市场转型，在激活各种要素的潜力与活力的同时，也充分发挥了政府的主导作用。一定程度上，通过行政干预现代化，既发挥了政府的要素化功能，也建构出政府主导的线性进化发展模式，同时衍生出着眼于未来，期望利用增量资源化解存量矛盾的发展理念。在这个过程中，民众被自觉或不自觉地卷入政府主导的现代化道路而不断前行，农民工也不例外。因此，在国家主导的线性进化发展逻辑的主导下，农民工的权益保护事实上也遵循着渐进赋权的线性发展路径：由"劳动权"走向公民权（沈原，2007）、由底线权益向增长型权益转变（蔡禾，2010）、由个体劳动权利保护向个体劳动权利及集体劳动权利共同改善转变（刘林平，2013）、由企业公民转型社区公民发展（苏黛瑞，2009；Marshall T. H.、Tom Bottomore，1992；清华大学社会学系"新生代农民工研究"课题组，2013）。因此，农民工的权益诉求与现代化的线性发展基本同步，逐步由低水平向高水平转变、由低标准向高标准完善，在契合国家宏观线性进化发展的同时获得自身权益保护的线性跃迁。

　　但在现实生活中，个体的微观线性进化过程并不总与宏观的线性进化保持同步。事实上，个体劳动能力的周期性发展一定是非线性的，呈现出倒"U"运行路径，其与宏观线性进化逻辑交叉之后会呈现三种状态，具体如图 2-1 所示。

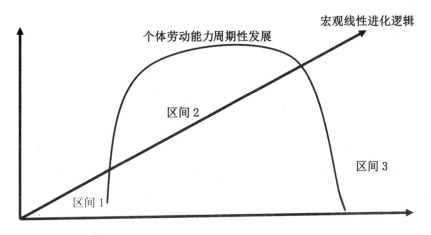

图 2-1　个体劳动能力周期性发展与宏观线性进化逻辑的关系图

上述区间可以转化为表 2-2 所列举的三种类型：

表 2-2　农民工劳动能力周期与宏观线性进化逻辑的交叉关系及类型

区间位置	农民工类型	基本特征	权益回溯类型
区间 1： 个体劳动能力周期与宏观线性进化发展同步	成长型农民工	劳动者的社会理性逐渐培育生成，更关注劳动生产过程之外的娱乐闲暇、生活感受	以非制度性约束权益诉求为主
区间 2： 个体劳动能力周期与宏观线性进化发展同步甚至高出	稳定型农民工	经济的快速发展为劳动者提供了较好的工作机会，基于个人能力抓住了现有机会获得稳定的回报	兼具非制度性权益回溯和制度性权益回溯

区间位置	农民工类型	基本特征	权益回溯类型
区间3: 个体劳动能力周期滞后于宏观线性进化发展	退出型农民工	劳动者的社会理性向生存理性回归，期望政府介入解决个人面临的生存困境	以制度性约束权益回溯为主

可见，不同类型的农民群体，对权益回溯的诉求不同，而不同的权益回溯诉求取决于农民工个体的劳动周期与宏观线性进化逻辑的交叉位置，农民工个体的劳动能力周期和宏观的线性进化逻辑之间关系的多样性表明：一是农民工的权益诉求并非只存在向前线性进化的一种可能，也存在着基于向前线性进化逻辑向后进行权益回溯的可能；二是农民工的权益诉求既非仅仅取决于个体的劳动能力周期，也非仅仅取决于宏观的结构性变迁，而是由个体劳动能力周期和宏观线性进化逻辑交叉关系的位置来决定的。

第三节　研究方法和过程

党的十九届四中全会提出"推进国家治理体系和治理能力现代化"，要"加快推进市域社会治理现代化。推动社会治理和服务重心向基层下移，把更多资源下沉到基层，更好提供精准化、精细化服务"。在这个过程中，如何更好地实现和满足进城农民工的权益诉求，确保进城农民工的劳动权益和生活保障得到制度性维护，同时如何推进农民工权益保障的"制度性"修复，这就成为政府治理需要重点思考的问题。因此，在新型城镇化背景下有序引导农民工如何理性看待个人劳动力生产和再生产的关系，如何强化国家治理优化资源合理分配，如何增进社会保障的普惠型和均等化，就需要进一步研究。在推进农民工权益保障的"制度性"修复过程中，要改变资源分配过程政府单向度分配的做法，要了解不同农民工群体类型的权益谱系，做到政府供给和民众需求的精准对接，避免政府的制度供给与不同农民工群体类型的权益谱系不兼容，反而引发农民工的心理不满和行为抵触。

为了更好地回答上述问题，也为了更好地了解新时代农民工对个人劳动权益和社会保障的看法和诉求，笔者选择以广州市开发区的一家电子厂进行蹲点调查。出于保护隐私和保护被访者的需要，将该厂命名为G厂。

一、研究地点和进入

广州G厂是位于广州市开发区的高新技术企业，主营生物基因和生物制药的本土企业。选择广州G厂作为研究地点：一是该厂的劳动形态比较典型，是一家典型的劳动力密集型企业，并且在广州开发区的建厂时间较长，管理也相对比较规范，工厂员工形态呈现出多样化特点，有自建厂初期就在该厂工作的稳定型员工队伍，但也面临着流动性较高的困扰，既有年龄较大的农民工，也吸收了大量的新生代农民工；二是随着劳动力代际更替，新老农民工的权益诉求及利益表达出现了显著差异，而利益诉求的代际差异对企业管理和政府干预提出了较大的挑战，作为一家老企业，随着劳动力市场的宏观变化和劳动力代际更替的逐步完成，G厂也面临着管理制度和策略的调整和变化，需要企业人事部门去调查和了解；三是调查的便利，由于笔者在早期的研究过程中跟G厂有过合作，并且跟G厂分管生产和人事的副总认识，在他的帮助和协调下，进厂召开座谈会、进行个案访谈面临的阻力较小，并且有管理层作为介绍和担保，可以保证调查的有效进行。

二、研究方法和过程

主要以个案访谈的方式进行。在个案选择过程中，注意按照代际类型进行甄别；在访谈过程中，尤其注意比较分析两代农民工的诉求差异。主要采取召开座谈会、个案访谈相结合的方法。其中，在G厂召开了两次包括中层管理人员、一线管理人员和农民工代表参加的座谈会；按照工作岗位、性别、年龄、工龄、来源地等特征选择约30位农民工进行面对面的深入访谈。

整个实地调查和个案访谈持续时间将近两年半，从2016年12月至2019年6月。座谈会召开过两次，一次是刚进厂时召开的，通过熟人介绍进入G厂，在了解基本情况和企业工人大致状况的基础上，召开了由生产部经理、人事部经理和一线管理人员和农民工代表组成的座谈会，介绍了本次调研的基本目的、大致设想和主要内容，并就访谈提纲征求了与会人员的意见和建议。通过对负责生产和管理的中层干部的访谈，大致了解了该厂的建厂时间和发展历程，也收集了该厂所制定的很多相关政策文件，对于该厂的企业制度、员工管理、生产服务、社会保障等也都有了大致的了解。同时，通过对与会农民工代表的进一步细聊和深挖，从中挖掘和发现了可以作为个案访谈的样本，并经过他们的介绍和引荐，通过"滚雪球"的方式不断寻找到新的访谈对象。此后，基于研究的需要，笔者又进行了后续补充调研。补充调查的对象主要是追踪前期访谈员工的具体情况，重点分析了技术升级对部分前期访谈员工的影响，从而呈现自动化设备使用和智能化制造对不同类型农民工的影响。

第二次座谈会是在访问即将结束的时候进行的，与会人员主要以生产部、人事部的中层干部和一线管理人员为主，将经过技术处理和匿名化处理的前期访谈资料和信息向与会人员进行了简要介绍，并就访谈过程中自己的一些疑问和如何应对即将退出劳动力市场农民工的权益诉求问题，跟与会人员进行了咨询和讨论，尤其是对于企业如何配合政府保障农民工的权益问题，如何发挥企业作为国家治理体系和治理能力现代化的协同力量，进行了深刻探讨。

在两次座谈会期间，笔者将大量的时间用于在 G 厂进行个案访谈。个案访谈既包括事先约定，也包括有意在工厂附近，尤其是在 G 厂员工下班或休息时聚餐娱乐的购物中心附近去"偶遇"；既包括在工厂内部利用午休时间或下班前的空隙进行非结构性的简要聊天，也包括下班后在工厂宿舍或租住的出租房里面进行较长时间的结构性访谈；还包括利用周末或个人调休的时间，以请吃饭的名义在餐馆里吃饭，或在奶茶店喝奶茶，或在购物中心吃零食、嗑瓜子等方式进行访谈。进行结构性访谈的形式多样，访谈的地点也不断变化，目的就是希望获得 G 厂农民工的劳动生产、日常生活、闲暇消费、社会交往、行为选择、价值观念、政策期待等全方位的信息。

　　个案访谈的农民工主要包括两大类型，一种是新生代农民工，主要是以 20 世纪 80 年代以后出生的农民工为主，这种类型的农民工主要包括二代农民工和农民工二代，二代农民工是指在农村出生的新生代农民工，农民工二代是指在城市出生的新生代农民工。总体来看，在农村出生长大的新生代农民工跟在城市出生长大的农民工区别很大，在城市出生长大的农民工二代缺乏长期的农村生产生活经历，他们的行为选择和价值观念更加趋向城市人口，但在经济地位、社会地位、人际交往、职业类型等方面仍然处在城市社会的下层或边缘，并且他们的教育获得情况不好，这可能跟城市外来工子女教育政策设计和城市教育的高度竞争性有关，还跟他们自身的意愿或努力程度有关，教育获得较差使得他们向上流动受阻，大多数人只好继续在低端劳动力市场就业或进入非正式领域就业，进入 G 厂多半只是权宜之计。在农村出生长大的二代农民工，他们中的多数是在义务教育结束或接受完高中、技校教育之后才进入城市的，选择在工厂打工或者非正式领域就业，多数是基于学校介绍、企业和当地中介合作、熟人带领等方式来到 G 厂的，进入 G 厂是很多人的第一份工作。相对来说，新生代农民工容易接受访谈，但是他们的访谈持续性相对较差，访谈经常被打断或间断，需要多次接续才能完成。

　　另一种是老一代农民工，他们的年龄介于 50~60 岁，有的人是长期在外打工，G 厂由于工作稳定，企业管理较为规范，不乏工龄在 20 多年以上的老员工；有的是子女接受完义务教育后举家出来的，他们的年龄多在 40 多岁，子女已经成年，然后夫妻两人一块儿在 G 厂打工，虽然工龄不是很长但是年龄较大；还有一些年龄较大的农民工，跟 G

厂内部的管理人员有着各种各样的关系，进厂时间很长，工作的岗位也相对较好。与老一代农民工的访谈相对比较顺利，他们的接纳程度和访谈意愿较高，但是访谈过程中存在着信息把握不准、记忆比较模糊等问题，尤其是对话过程中，容易出现跳跃，提供的资料需要笔者进一步核实。

在本研究过程中，基于农民工的生命周期和劳动周期相结合，拟将农民工群体区分为三种类型：一种是成长型农民工，主要是指较年轻的新生代农民工；一种是稳定型农民工，既包括新生代农民工，也包括部分上一代农民工；一种是退出型农民工，主要是指老年农民工，也包括部分其他类型的农民工。不同类型的农民工群体，他们的利益诉求和利益排序各不相同，并且对当前工作以及未来看法的判断、态度和行为也存在较大差异，不可一概而论，需要结合实地调查资料进行具体讨论。

三、被访公司的激励制度与员工管理

G厂作为一家广州市开发区的本土高新技术上市企业，成立于1993年，至今已有近30年的历史，早期作为省属国有企业，后来伴随着国企改革和企业改制转变为民营企业，再后来通过上市成为医药类高科技上市公司。伴随着市场改制和制度变迁，G厂面临的员工管理和劳动关系也呈现出新特点和新情况，鉴于核心员工，尤其是生产一线的技能型员工对高新技术企业的重要性和不可替代性，G厂一直在探索建立适应市场发展和员工类型的激励制度，从而留住核心员工和确保公司的竞争力和有效运转，也维持了生产队伍的总体稳定。具体来看，G厂核心员工（含生产队伍）的激励体系主要包括以下三方面内容：

一是激励制度设置。包括整体激励制度和特殊群体激励制度,整体激励制度面向公司的所有部门和全体公司成员,主要由物质激励、岗位激励和精神激励组成,重视激励的覆盖面和普及率;特殊群体激励制度主要面向关键岗位和核心员工的物质激励和精神激励,强调心理、文化、认同和物质的综合性激励。在这个过程中,大多数农民工被整合进G厂的管理体系和制度中,按照工厂制定的规范制度有序管理,农民工群体按照G厂的制度设置享有激励制度规定的各类权益保障。

二是激励机制类型。主要包括差异化激励、薪酬激励、心理认同激励、劳动价值激励等类型。差异化激励主要针对不同类型的员工采用不同的激励配套体系,分别采用物质奖励、岗位提升等方式及其组合作为激励;薪酬激励主要采用薪水和奖金相结合的方式来对员工进行激励;心理认同激励则通过企业文化、公司培训、价值塑造、心理认同等方式来凝聚员工的认同感和归属感;劳动激励则采用公司发展战略和发展愿景来激发员工的工作斗志和献身精神,同时不断植入国家创新驱动战略和广州重视发展生物基因产业的政策宣传,不断提高员工的工作积极性和职业荣誉感。

三是激励体系运行。主要是指公司建立了严格的激励评价和考核体系,并结合市场竞争情况和同行业发展情况不断调整和完善,从而确保激励体系处在动态的持续发展过程中,不断适应员工群体、企业发展和市场变迁的发展变化。通常情况下,激励体系由人力资源部全权负责,并且直接向公司总经理汇报工作,确保激励体系的运行落到实处。在这个过程中,农民工作为企业生产一线的主体力量,也是决定生物医药产品合格率的重要力量,G厂特别重视对产品生产线工人的激励,也基于生产线工人群体的发展变化不断调整激励体系和考核机制。

可见，经过近20年的发展，G厂在复杂多变的市场竞争中生存了下来，并且逐渐成长为该领域里的知名企业，这与该厂不断完善激励机制和改进对企业员工的激励模式是分不开的。一定程度上来看，该厂的激励体系和制度跟中国改革开放40多年来经济发展走向基本同步，都是呈现出线性调整和逐步改进提升的发展态势。在这个过程中，G厂通过有效的激励制度和企业管理，将G厂农民工群体有效地整合进国家的发展历程和国家治理体系，实现了农民工群体对G厂和国家的同步认同。这种线性的权益认同和政策认同同步，在有效凝聚和团结G厂农民工助推工厂生产稳定进行的同时，也逐步改变了农民工群体的权利意识和权益诉求，进而对新时代国家治理和工厂管理提出了新的挑战。

需要指出的是，G厂作为本课题研究对象的生产生活空间，但公司作用或组织因素在研究中并未纳入分析框架。客观上来说，G厂是一家管理规范、遵守法律制度的模范企业，虽然也存在超时加班、劳动时间较长等问题，但该公司的劳动管理严格遵守了不同时期的法律法规和劳动政策，基本没有出现过恶性的劳动纠纷、劳资冲突等问题。当然，正因为G厂的法治化、规范化管理，客观上使得一线生产工人能够紧跟时代和政策，对塑造他们的权益意识、保护意识提供了较好的环境和空间，这是另外值得研究的新课题，本书并未进行深入分析。

第三章

劳动选择的代际差异：为谋生而劳动与为生活而工作

工业化推动城市化，城市化是现代化的必由之路，这是西方国家经济社会发展的普遍规律。自改革开放以来，中国的工业化和城市化快速发展，在短短40多年的时间内急剧攀升。自2011年中国的工业化水平就进入工业化后期，进一步的测算表明，2020年中国会基本实现工业化①；2021年年末，我国常住人口城镇化率达到64.72%②。不同于西方国家的工业化和城市化的缓慢上升，中国的工业化和城市化是在短时间内急速实现的，与西方国家最大的区别是中国的工业化和城市化实现是在两代人的时间内完成的。快速的城市转型和工业转型，在极大改变发展面貌的同时，也重构出新的社会生态和价值规范，从而使得代与代之间的差异与隔阂十分明显。人口代际的异质性，不仅体现在职业选择、工作态度和劳动权益的维护上，也体现在生活态度、消费闲暇和社会交往上，更体现在家庭婚姻、子女教育和价值信仰上，这种因外在的工业化和城市化急速发展和共生叠加所形成的社会环境和制度背景，同样也塑造了新生代农民工和老一代农民工不同的生产生活轨迹，以及不

---

① 黄群慧. 新中国70年工业化进程的历史性成就与经验［N］. 光明日报，2019-07-09.

② 国家统计局：2021年末全国常住人口城镇化率64.72%［N］. 经济日报，2022-02-28.

同年代农民工群体的权益诉求和行为选择。

第一节　职业选择的代际关联：
子承父业或两代同业

　　父代与子代之间的职业分布情况是测量社会开放程度的重要指标。通常来说，当一个社会越开放和越有活力，社会流动性越强，父代职业与子代职业的相关性就越来越弱。当社会的流动性越强，子代通过后天的努力和奋斗实现向上流动的通道越多，也越畅通。进入新时代，中国的社会流动性和阶层固化出现了很多新变化，有研究就指出"代际流动的继承性越来越强化，而代内流动的流变性越来越弱化，青年群体的社会流动出现了阶层固化现象"[1]，教育等自致性因素在增强青年社会流动的同时，家庭等先赋性因素同步强化[2]，一定程度上代际累积对子代的住房、教育有重要的代际传递效应[3]。中国的农民工具有高流动性的特点，包括工作地的流动、工作单位的流动和工作岗位的流动等，但并非每一次流动都会给他们带来社会地位的提升和阶层地位的改变。有

---

[1]　邓志强. 青年的阶层固化："二代们"的社会流动 [J]. 中国青年研究，2013 (6)：198.

[2]　顾辉. 社会流动视角下的阶层固化研究——改革开放以来我国社会阶层流动变迁分析 [J]. 广东社会科学，2015 (5)：217.

[3]　范晓光，吕鹏. 找回代际视角：中国大都市的住房分异 [J]. 武汉大学学报（哲学社会科学版），2018 (6)：25；谌鸿燕. 代际累积与子代住房资源获得的不平等 基于广州的个案分析 [J]. 社会，2017 (4)：200；邓国彬. 论高等教育领域中城乡不平等的代际延续——基于累积优势的理论视角 [J]. 湖北社会科学，2012 (6)：59.

研究就指出，新生代农民工的社会流动总体上来说表现为一种倒"U"型的轨迹，先有垂直向上流动，到一定阶段后就会呈现出逆向选择或向下流动的特点①，并且农民工的流动或许是他们在城市遭遇发展困境的体现和折射②，这尤其体现在劳动力市场上"农民工二代"或"二代农民工"的出现，他们的职业选择跟他们父辈的职业选择高度相关，即父辈从事低收入的工作，子代也从事低收入的工作。因此，农民工的高流动性得益于改革开放以来中国社会的开放程度，然而这种流动更多属于水平流动，农民工内部的代际职业相关性依然很高。

笔者在 G 厂的调查结果也表明，新生代农民工多数是子承父业的结果，即便不是子承父业，也是不同时期进入接近的行业。这种两代同业现象深刻折射出农民工群体的职业代际继承或地位代际再生产的特点。

一、父辈的就业地位会影响子代的职业选择，两代同业比较普遍

被访的新生代农民工中，在 G 厂就业并非他们的第一份工作，只不过是他们诸多工作中的其中一份，并且 G 厂的工作也不一定是他们的最后一份工作，只不过是他们生命周期中的一个环节而已。具体来看，新生代农民就业形态跟他们父辈就业经历高度相关，但二代农民工和农民工二代的就业偏好也不尽相同。

作为从农村流入城市的二代农民工或在城市出生长大的农民工二

---

① 符平，唐有财. 倒"U"型轨迹与新生代农民工的社会流动——新生代农民工的流动史研究 [J]. 浙江社会科学，2009（12）：46.

② 潘泽泉. 社会网排斥与发展困境：基于流动农民工的经验研究——一项弱势群体能否共享社会发展成果问题的研究 [J]. 浙江社会科学，2007（12）：87.

代，他们之间存在相当大的区别：二代农民工通常受雇于工厂、企业等，他们或者从事一线生产工作或从事一般性管理工作，经常在不同的城市、工厂、行业之间变换工作；农民工二代通常以自雇就业为主，他们的父辈以经商、贸易、维修等作为职业，通过提供服务性、劳务性、经营性等劳动获得收入回报。

在实地访谈过程中，可以发现，凡是以自雇就业方式受雇于工厂、企业的新生代农民工，其父辈大多有过城市务工的经历，或从事建筑业，或曾经在工厂打过工等，均不间断或弹性从事过非农工作。凡是选择灵活就业、非正式就业的新生代农民工，他们的父辈大多数曾有过零售、服务、维修、餐饮等相关的自雇就业经历，当然，在从事灵活就业或非正式就业之前或之后，也有过其他类型的从业经历，并且这种非正式就业和正规就业之间可以灵活变换。虽然经历不同，职业选择不同，收入水平也存在差异，自雇就业的农民工在收入水平上要高于受雇于工厂、企业的农民工，但在阶层地位、社会声望上，两者之间的差别并不明显。其中一位年轻的受访者陶 A 就表示："我爸妈在广州开发区开了一个小卖铺，就是临近工业园区的那种小卖铺，每年能够赚 10 多万！"（问：那你呢，你现在一个月可以赚多少钱？）我的收入也不高！（问：你爸妈是做生意的，你为什么不跟他们一块儿做生意呢？）失败的经历就不提了，我本来是做微商的，结果产品不好，销路不行，做不下去，亏了本，没有办法，只好先到这里干几个月避难呀！（问：你这只是权宜之计，看来工厂还是留不住你呀！）还是做生意自由，收入虽不稳定，行情好的话，干一年可以抵打几年工！况且我从小就跟爸妈这样过的，他们很早就出来做小生意，先是挑着担子卖水果，后来在菜场卖菜，现在就转过来开小卖铺了。可见，或许是子承父业，也可能是就业价值观的影响，农民工二代的子代农民工更愿意灵活就业，也喜欢选择非正式就业。不过，即便是选择灵活就业或非正式就业，子代农民工的就业层次也不高，未能超越父辈，实现就业层次和领域的向上流动。

不同于寻求灵活就业的农民工二代，在工厂流水线工作的二代农民工则表示，父辈也期望自己能够跟他一样进厂打工、存钱回家过日子，自己也想打份工，赚点钱，回家盖房结婚。"我的父亲希望我能够跟他一样，在工厂老老实实打工，把挣的钱存起来，寄给家里，准备今后回老家盖房、结婚，当然能够在厂里面找一个对象就更好。我刚毕业就过来了，勉强读完了职中，就跟着父亲出来打工，先是跟他在一个厂，上了一年多班。然后，觉得太辛苦，老是被管着，没意思，就跟着老乡换了几家工厂，目前在 G 厂工作。未来，可能还是会继续打工，但是存钱就比较困难，除了被我父亲要走的钱，在我身上的钱，基本上都花光了。钱花光了，家里意见很大，我父母经常说我。"可见，子代对父代职业的继承，不一定出于自身的强烈追求，也并一定是父辈的强制高压，也可能跟经济发展、社会观念、个人选择等因素有关，可以肯定的是，农民工二代顺着父辈的流动轨迹来到城市，进入工厂或企业打工，其遭遇跟父辈也差不多。跟父辈不同的是，农民工二代的开销更大，家庭责任感也在弱化，有限的收入更多用于个人消费。

当然，从结构性因素来看，正如中国制造到中国创造的转型很困难，农民工的后代要想获得更好的职业，通过职业选择实现向上流动，从而改变家庭的代际地位也很困难。不过，中国经济的转型、代际互动的变化，均需要时间来检验，只有从一个较长的历史阶段来看待，才有可能发现其真实的变迁规律。

此外，需要指出的是，随着互联网平台的发展，越来越多的年轻劳动力开始进入外卖、快递、网约车等领域就业，他们反过来影响和带动他们的父辈进入跟互联网相关的服务业领域就业，这是一种新的"反向"两代同业现象。在调查中，笔者跟踪的一位被访者就表示"在工厂打工太枯燥，每天准点上下班没有自由。我父亲也在附近的工厂上班，我就是他带过来进的 G 厂。这几年外卖很火，我就出来送外卖了。做外卖员也很辛苦，但是比在工厂里面自由一点，自己的选择空间也大一点，只要你勤快，单多，跑得多，赚的钱比工厂里面要高一些。在我的劝说下，我父亲也从工厂里面出来了，跟我一块儿送外卖。不过，他赚得没有我多，但跟工厂相比，工作自由度要高一些"。可见，农民工的两代同业现象，即农民工群体性进入某一行业的情况，不管是在传统工厂生产还是在新经济新业态下，都是一种较为普遍的情况。

二、两代农民工群体都面临高度经济嵌入、适度社会嵌入并存

在卡尔·波兰尼（2007）看来，市场只有嵌入社会中，市场的消极作用才能得到抑制[①]。农民工作为流动的社会群体，虽然同城市的依存度高，但跟城市的嵌入性较低，更多以经济嵌入为主，存在少量的社会嵌入，而政治嵌入明显不足。嵌入性程度低，意味着接受城市的保护性力量就弱，同城市的有机联系就少，从而影响到农民工群体的生存状态和就业情况。

---

① 卡尔·波兰尼. 大转型：我们时代的政治与经济起源 ［M］. 冯钢，刘阳，译. 杭州：浙江人民出版社，2007：5.

实际上，从笔者在 G 厂的调查情况来看，老一代农民工和新生代农民工在就业形态、劳动价值、消费观念、劳动习惯等方面存在较大差异，但他们面临的高经济嵌入、低社会嵌入和政治嵌入的结构性格局是一致的。

（一）通过就业吸纳，两代农民工都高度嵌入城市

在改革开放的早期阶段，境外国家和地区的资本、技术、先进管理经验与国内的土地、劳动力等生产要素在中国东南沿海地区实现了高效结合，创造了中国经济发展的奇迹，助推中国逐渐发展成为全球性生产制造基地。进入新时代，中国继续稳步发展，经初步核算，2018 年我国国内生产总值 900309 亿元，按平均汇率折算，经济总量达到了 13.6 万亿美元，稳居世界第二位①。2021 年，我国已经超过了世界人均 GDP 水平，达到 1.25 万美元。持续的经济发展，创造了大量的工作机会和发展空间，也吸引了大量人口进城就业和工作。

在 40 多年的改革开放中，中国沿海包括内地的产业园区、工业园区、高新技术开发区等吸纳了大量的流动人口就业，其中就包括老一代农民工和新生代农民工。他们作为中国工业经济的劳动者，作为中国经济发展的劳动力，成为中国作为世界最重要的生产制造基地的重要助推力量。近年来，随着中国的产业转型和升级，适龄劳动力数量逐年减少，也随着全球化发展的风向转变，新生代农民工的就业趋势也呈现出"退二进三"趋势。年轻的劳动力不愿意从事工作时间长、工作强度大、工作环境差的第二产业工作，更多进入休闲娱乐、快递外卖、资讯

---

① 聚焦 2018 年中国经济年报 [EB/OL]．中国经济网，2019-01-24.

服务等第三产业工作。对新生代农民工来说，劳动力市场的供需关系出现了转变，青年农民工的择业范围、选择机会变得更加丰富而多元。由于中国劳动力供给的结构性短缺和劳动年龄人口总量的下降，老一代农民工的工作岗位并未因为产业升级、技术变革和"机器换人"等受到影响。有研究表明，机器换人对年龄较大、职业技能较低的老一代农民工构成了就业替代和挤压，而对年轻和职业技能较高的农民工则是利好[①]。

在实地访谈过程中，笔者就发现，所有接受的个案都不约而同地认为就业很容易，"现在找工作很容易，很多工厂只要你愿意去，登记一下资料，简单考核一下就可以进入"；"你别看我今天没有工作了，在这里跟你（指笔者）吃饭聊天，过两天我就可能会在旁边的工厂上班"；"我以前的工友，还有老乡，经常在微信里微我，来不来上班呀，我们这里又有人走了"；"现在不想去工厂干了，就可以去干网约车司机、送快递、送外卖，工作很好找的"……对青年农民工群体来说，城市离不开他们，当然他们也需要城市的就业机会和工作岗位。中国作为世界上最重要的制造业大国，很多生产制造离不开年轻的劳动力，需求大使得青年农民工的就业也相对容易。与此同时，近年来随着国内外经济形势的发展变化和区域竞争格局的激烈，各地还纷纷展开"抢人"大战，农民工积分入户制度在越来越多的城市开展，使得农民工尤其是青年农民工不再受工作机会短缺的困扰，而且工资水平、福利待遇、社会保障等方面较以往也有明显改善，从而进一步强化了农民工群体对城

---

① 邓智平. 技术话语与工人的自主性：人机对抗的合法性消解——基于珠三角地区"机器换人"的实证研究 [J]. 学术论坛，2019（5）：5.

市的经济嵌入。

在 G 厂，吸引农民工群体来就业也是人力资源管理部门的重要工作。近年来劳动力市场的代际更替，使得企业招人变得愈加困难，为了能吸引和留住农民工前来 G 厂就业，G 厂不断完善制度激励体系，比如签订无固定期限劳动合同，吸纳一线生产和配送的核心骨干农民工，参与公司讨论涉及安全生产、关系企业生产运营的大事。在劳动合同管理方面，优先考虑与一线生产和配送的员工签订无固定期限劳动合同，事实上将这部分农民工变成了 G 厂的"永久"员工，从而帮助这些"永久"员工基本融入了城市。

（二）户籍制度的存在，导致农民工群体嵌入城市的离散化特征

排斥与吸纳是全球化工厂就业体制选择劳动力时的基本策略，其中，吸纳是指企业有选择性地吸收合适的劳动力进入工厂就业，而排斥则分为主动排斥和被动排斥，其中被动排斥是指农民工期望在当地的工厂或企业工作，但当地工厂或企业出于成本或管理因素而不雇用他们；主动排斥特指农民工不认同或不愿意在当地工厂、企业工作而无法被雇用，如农民工在当地工作过程中遭受各种不公平对待而选择离开或变换工作。被动排斥指当地企业和工厂从企业经营管理的效率出发，倾向雇用年轻的未婚劳动力。主动排斥是农民工在当地企业和工厂工作时因待遇不公、工作强度大、企业管理混乱等因素而选择去其他地区工作、改行进入非正式行业或回家，根本原因在于企业福利待遇、工资水平等不能满足农民工的要求。

不管是主动排斥还是被动排斥，农民工最后无法在正规部门的工

厂、企业或服务性组织就业，除少部分农民工回家外，大多数农民工依然选择留在城市继续寻求生存，他们中的大多数可能会进入非正式就业领域或灵活就业领域，成为游离在政府所能监管的工厂和企业之外的城市非正式就业者。此时，因主动排斥或被动排斥的农民工，通常会选择在非正式领域就业或灵活就业，尤其是随着直播经济、网络游戏、物流外卖等产业的兴起，越来越多的年轻农民工可能会进入因移动互联网发展而兴起的第三产业，而年龄较轻的农民工则更容易进入体力型的第三产业。在 G 厂实地访谈过程中，有很多被访者就说"要是不能打工了，就去做微商，将家里的土特产卖给朋友圈的人，也可以卖给在城市打工时认识的工友"；"我年纪大了，干几年要退休了，不过我身子还很硬朗，不想回家，可以找个地方看门，应该不成问题吧"；"我身边有工友，当然是女孩子，她们觉得干着没有前途，就跑去做直播，做微商，做美容去了"。

总体来看，就业吸纳和社会排斥是同步进行的，这跟农民工生产体制也是密切相关的。有关农民工的劳动力再生产，如子女教育、社会保障等劳动力再生产，很大程度上都是在户籍所在地完成的；对农民工的招聘和使用，主要针对农民工的劳动力，也即能够创造价值的部分。这样一来，因为家庭、个人疾病、年龄衰老、体力不支等原因，大量农民工不得不离开在城市的工作岗位，也无法在曾经工作过的城市完成养老，进入非正式领域工作或回归户籍所在地就成为很多人的唯一选择。

具体到 G 厂来说，农民工群体和公司的管理人员、技术人员之间的群体差别十分明显。作为一家高新技术企业，公司的管理人员和技术人员基本上具有本科以上学历，半数以上的技术人员具有博士学位，相当多的管理人员和技术人员毕业于国内外的重点大学。对公司的管理人员和技术人员来说，他们依靠自己的能力和劳动，在经济上、社会上、政治上和文化上完全同步融入了城市；对 G 厂的农民工群体来说，他们在 G 厂工作时，跟上述管理人员、技术人员的企业身份是一样的，只不过劳动分工和工作岗位存在差异，但在市民身份上差异明显，不可相提并论。由于 G 厂农民工群体流动性较高，来了又走，走了又有新来的，要想了解为什么会走，是不是因为城市的政策排斥和社会排斥导致他们走的，还是因为个体原因主动选择离开的，因为缺少相应的被访对象，就很难得到证明。

（三）两代农民工群体的嵌入呈现出不同步特征

从经济层面来看，农民工是高度嵌入城市的，从社会政治层面来看，农民工也是逐渐开始嵌入城市的，这尤其体现在积分入户制度上。不同于城市居民，他们从经济、社会、政治、文化等各方面全方位嵌入，并形成一个互相交织的系统性嵌入格局。农民工群体，包括老一代农民工群体和新生代农民工群体，他们在经济上高度嵌入城市，但在社会嵌入、政治嵌入上则是有限度的，并且经济嵌入并不自动带来社会嵌入、政治嵌入。正因为这种嵌入的离散型，新生代农民工和老一代农民工在同时代的社会地位和社会阶层上并没有出现根本性的差异。

从嵌入程度来看，嵌入性包括初级嵌入，即制度认可；次级嵌入，即市场嵌入；高级嵌入，即身份嵌入。农民工通过职业分工体系与城市的经济产生联系，在这个过程中，国家相关政策和法规从制度上认可了农民工对于城市社会和城市经济发展的地位和贡献，在初级嵌入方面，农民工的制度合法性地位毋庸置疑，得到了制度认可和支持，因此，在制度认可方面，农民工属于完全嵌入，但是制度认可并不等于制度实践；在次级嵌入方面，农民工作为劳动力市场的重要组成部分，他们作为劳动力进入市场经济体系和企业生产链条中，大部分情况下，他们的责任和角色主要是以生产者或劳动者的形象出现，而且在分配领域和消费领域，农民工与城市的联系较为密切，因此，在市场嵌入方面，农民工处于半嵌入状态；在高级嵌入方面，农民工的政治权利并没有得到充分尊重和体现，农民工的市民权并没有真正实现，因此，在身份嵌入方面，农民工处于弱嵌入状态。

党的十八大以来，各地纷纷开展人才争夺战、劳动力争夺战。与此同时，劳动力短缺状态在很多工厂成为常态，笔者在 G 厂的调研结果也表明，劳动力短缺或劳动力的高流动性，使得企业马上自动化生产，但自动化生产并没有缓解劳动力短缺的局面。因为产能扩大，需要更多的技能型人才和普工，而现实情况则是不管是技工还是普工都面临着短缺的情况，尤其是普工短缺现象更为明显。因此，劳动力短缺客观上改变了各地的用工政策，改善了农民工融入各地的制度环境，使得农民工的经济嵌入提升，也间接地改变了地方政府在民生政策上对待农民工的态度和立场。

第二节　择业偏好的代际差异：

传统工厂—封闭空间与弹性就业—开放空间

流动的本质是提高效率、追求利润和实现比较价值，农民工的流动也不例外。由于中国的市场分割非常明显，存在着"二元的社会结构、二元的经济结构和二元的劳动力市场"①（李春玲，2006）。农民工处在"次属劳动力市场"②（李强，2001）或是属于"非本地户籍、体制外、二级劳动力市场中的体力或半体力工人"③（李春玲，2006），虽具有高流动性，但多为职业平移和水平流动，实现垂直向上流动的概率较低。对于在 G 厂就业的农民工群体来说，大多数人都经历过多次工作流动、职业变动才来到 G 厂，从实地访谈情况中也显示了不同年代的农民工其工作流动和就业变动情况也不尽相同。

一、工作方式的代际差异：传统工厂和弹性就业

G 厂的前身是广州市某老牌重点高校的校办企业，延续了社会主义价值传统的影响，不仅企业运行规范有序，而且劳动管理兼具规范化和人情味，这尤其体现在 G 厂的激励制度上。例如，通过工龄对一线生

---

① 李春玲. 流动人口地位获得的非制度途径——流动劳动力与非流动劳动力之比较［J］. 社会学研究，2006（5）：200.
② 李强. 中国城市农民工劳动力市场研究［J］. 学海，2001（1）：178.
③ 李春玲. 流动人口地位获得的非制度途径——流动劳动力与非流动劳动力之比较［J］. 社会学研究，2006（5）：200.

产员工进行激励，这种工龄等于贡献的制度激励的形式高过内容，支持工龄较长的员工参与企业生产战略调整和生产管理流程优化等方式，激励一线生产员工能够留在 G 厂长期服务。这种组织内部的形式激励，具有类似国家保护的性质和延续了社会主义传统价值观，并在一定程度上满足了农民工群体的部分需求，但不同类型的农民工仍有自己的考虑和诉求。

（一）退出型农民工更偏好传统工厂就业模式

对于即将退出劳动力市场的老一代农民工来说，由于常年在外打工，离开老家的他们更看重就业的空间感和扎根感。对他们来说，在外出打工的过程中，先天的关系网络，如有血缘、亲缘关系的人不断减少，即便没减少，但联系也在弱化。在外打工 30 多年、在 G 厂当工人超过 10 年的刘 A 就跟笔者说："我 1992 年就出来打工，大概是 18 岁，先在深圳的一家玩具厂打工，工作很辛苦，玩具厂管理严格、工资低，再加上广东天气闷热，干得很难受。咬着牙熬了几年时间，后来带了几百块钱回家，在老家找了一个对象，就成家了。现在，我跟我老婆都在广州开发区上班，我在 G 厂，她在旁边的厂，有两个小孩，女儿嫁在老家的县城，儿子在湖南省的长沙读了大学，在长沙上班，结婚成家了。这么多年，我跟我老婆一直在广州这边打工，一般只有过年放假的时候才会回家，也都是两到三年一次。前几年，我的父母都去世了，回家就更少了。现在也去长沙的儿子家里住住，但儿子也不太宽裕，住多了也不好。老家的田地也荒芜了，老房子也不好住了，认识的人要么跟着小孩搬走了，要么只是在村里面暂住。兄弟姐妹年龄越来越大，交流也少了，互相之间的感情也不如以前了。"长期在外打工，使得以刘A为代表的老一代农民工，逐渐适应了工厂的生活，也喜欢上了城市生活，在刘A看来，"早年进厂是要被工厂千挑万选的，性别、年龄、教育程度等都要挑，我们就只能等着看有没有工厂要我！对外出打工，也谈不上喜欢不喜欢，为了生存，没有办法；现在不同了，在外打工这么多年了，还是觉得在工厂打工好，每天的工作时间都安排好了，上班下班回家，生活有规律，也很安稳！不像在家种田，什么都要自己安排"。在适应工厂生活的同时，刘A其实也慢慢失去了对乡村的留恋、对先天性关系网络的依赖，他代表了时间和身体逐渐"工厂化"的农民工群体，也代表了对社会保障、社会安全有强烈需求的农民工群体。本质上，他们还是农民，总有退出城市劳动力市场和返回户籍所在地的那一天。

其实，在G厂访谈时，笔者发现，只有老一代的农民工才呈现出对企业的忠诚感，体现出对工作岗位的职业重视。当然，这种对企业、工作岗位、劳动、打工的混合价值观，不能简单地认定为老一代农民工是有职业道德的工人群体。当然，对于那些年龄较大、即将退出劳动力市场的农民工，他们偏好到传统工厂就业，有可能是由于当前移动互联网技术、机器换人技术的发展，使得年龄较大的农民工缺乏更多的选择，是技术挤压和市场筛选的结果，是迫不得已的被动接受而已；也有可能长期在工厂打工，形成了不同于务农的打工路径依赖，产生了依赖于工厂的习惯性思维和行动。

（二）稳定型农民工群体在传统工厂和弹性就业之间的切换兼容

对于35~40岁区间的农民工群体来说，他们的生活阅历丰富、劳动经验充足、劳动能力较强，身体心智发育彻底成熟，这就使得他们在劳动力市场的自我表达意愿更强，讨价还价能力更强，市场博弈能力也更强。与此同时，不同于改革开放初期激烈竞争的劳动力市场，移动互联网技术的确赋予了劳动者更大的职业选择权和更强的社会流动能力；也不同于新技术出现之前的劳动力市场，现在的劳动者普遍会自觉利用移动互联网技术给自己赋权增能，从而提升了自身的劳动能力、职业适应能力和市场博弈能力。

不同于老一代农民工群体中即将退出劳动力市场的群体，稳定型农民工群体属于农民工群体中的"精英骨干"，他们对个人的能力和劳动回报相对比较自信，也会通过各种方式增加自己的劳动回报。在 G 厂，夏 A 接受访谈时就说："不怕你笑话，你看你是知识分子，我是打工的，在外人看来我们之间是有差距的，但我不是说这个意思，我要说的是，你 40 来岁，是你们单位的骨干，我 40 多岁，也是我们厂的骨干。我现在出去找工作，尤其是同样岗位的工作，很多工厂会抢着要我的。你知道是为什么吗？因为我做事动作快，效率高，不出错，可以很快出货，熟练，稳定。"在夏 A 看来，多年在企业打工的历练和不同岗位的磨炼，提高了他的劳动能力和职业技能，再加上年富力强、愿意干活，在 G 厂经常成为被表彰的对象，成为同事学习和羡慕的对象。正因为在企业打工得心应手，稳定型农民工群体具有较强的劳动自信和收入自信。

近年来，移动互联网的快速发展，也为稳定型农民工创造了额外的兼职机会和新的劳动交换空间。以滴滴为代表的网约车司机的兴起，为自己有车的农民工群体创造了新的赚钱机会。夏 A 自己买了一辆小汽车，并在滴滴APP上注册成为一名网约车司机，在周末、节假日的时候，兼职做快车司机。在夏A看来，"G厂的管理很规范，周末和节假日都按国家的规定放假，以前放假了就在家里休息，或者附近走走，和老乡聚聚，更多时间是在租的房子里休息。现在不同了，周末和节假日可以跑跑网约车，既可以出来走走，也增加了收入，生活也得到了改善。做得好的话，一天也可赚个几百块呢，这在以前是想都不敢想的。没有G厂规范的管理，没有平台的出现，我肯定没有机会出去兼职呀！以前打工的时候，连休息的时间都不够"。打工劳动的收入加上兼职网约车司机的收入，使得以夏A为代表的稳定型农民工的收益明显增加，也塑造了他们的权益观，更加影响了他们看待个人与市场、国家的关系。技术进步和市场发展所带来的增量收入机会，远远大于国家在他们心目中的影响和作用，并且在他们眼中，有兼职机会和收入远远大于社会保障的吸引力。

以夏A为代表的农民工群体，他们并没有脱离打工的工作，也没有疏远新技术发展所带来的新就业空间，他们在守住和适应工厂就业的同时，也能适应弹性就业和移动互联网就业，即便是他们不在工厂或企业打工了，也可以很快地进入新技术所带来的新工作岗位。新就业空间的存在，更进一步提升了他们的市场生存能力和劳动博弈能力。

（三）成长型农民工群体充分适应当前新技术背景下的弹性就业

不同于退出型农民工群体，也不同于稳定型农民工，成长型农民工的社会化经历跟中国互联网的发展大致同步，他们在信息社会背景下长大，并且长期使用移动互联网和智能手机、电脑，具有较高的信息素养，也具有较强的互联网生存能力，实现了劳动职业和生活消费的移动互联网化。

一是从科技和文化角度出发，新生代农民工是信息传播科技时代成长起来的"E-人口世代"。他们热衷于购买信息化科技产品，也常态化使用各类软件，尤其是青睐各类给自己带来生活乐趣、生活便利的APP，生产生活消费完全融入信息时代。在访谈过程中，很多被访者均不约而同地表示："智能手机是我最亲的人了，每天不看手机，不玩游戏，不听音乐，不看视频，这样的日子没法想象！""工作以外，最开心的就是可以玩手机，不用受工厂制度的管理，也不用看班组长的眼色，可以跟自己愿意交往的人聊天，可以玩自己喜欢的游戏。""现在我的娱乐活动都靠手机了，交朋友，老乡工友之间互相联系也靠手机了，打工生活很无聊，有了手机就不无聊了。"在成长型农民工看来，手机作为信息传播科技时代的产物，不只是一件简单的联系工具，而是成为他们生活的情感寄托，也是他们与外界沟通交流的连接纽带，更是他们了解外部世界最重要的通道之一。出门不忘带手机，有空看看手机，工作要用手机，生活也要用手机，自觉不自觉地已然成为成长型农民工群体的生活常态。当然，生活的手机化和手机的日常化，帮助他们适应了快速发展的现实世界，也有利于强化他们对未来趋势的适应能力。

二是从经济的角度来看，信息等同于价值，连接等同于资源，更是成长型农民工工作和生活的基础。熟练使用移动互联网时代的各类软件获取信息、使用信息、交换信息等成为成长型农民工基本的劳动和生活技能。当前，随着移动支付在全社会的不断普及，吃、穿、住、用、行等各行各业基本实现了"扫码"支付、无现金支付。作为信息社会中的生产者和消费者，凭借手机就可以在城市畅通生活，成长型农民工群体更是深有体会。调查中，有被访者说："我现在出门基本上不带钱包，就带一个手机，还有一串钥匙挂在裤带上，多方便！"也有被访者说："你看满大街都是二维码，还用得着带钱包吗？乡下现在也都可以扫码了！再说了，移动支付已经无孔不入，只有老土的人才使用现金。"这种生活消费的数字化、信息化，的确赋予了成长型农民工的移动互联网人格，人与智能手机、移动互联网深度互嵌。此外，通过手机跟上社会发展，融入城市社会，获得劳动技能，收集社会信息，就成为很多成长型农民工适应信息社会的重要方式。通过手机、电脑等工具获取信息社会的各类资讯，无疑是成本低和经济性强的途径，不用本人亲自参加，也不需要加入特定的组织或机构，就可以获知信息社会的发展形势，从而跟上社会发展和劳动力市场的新变化。在对 G 厂一位年轻的农民工李 B 进行访谈时，她就表示："在上一家工厂打工的时候太无聊了，不让带手机上班，只有下班回宿舍休息的时候才能用手机，上班使用手机要扣工资。没有手机，生活太无聊了，一点意思也没有，有了手机，至少可以缓解我上班的枯燥。在 G 厂打工虽然也不让看手机，但是允许带手机，在主管不注意的时候，还是可以刷刷微博、微信，跟朋友同学聊聊天，真好。这样，我就感觉跟社会续上了。现在，我还在网上兼职做微商，帮着卖面膜，也是网红产品，我的很多工友姐妹都在使用，我通过朋友圈推送，虽然赚不了多少钱，但至少可以解决自己美容的钱了。"一个"续"字，表明了成长型农民工的态度，他们工作就是要跟上社会潮流和时尚，要适应社会消费，这才是他们工作和劳动的专注点。至于一份工作能坚持多久，一份职业有无发展前途，可能不是他们关注的重点，他们关注的是只要跟上移动互联网技术的发展步伐和节奏，就能适应社会和找到生存的机会空间。

二、生产空间选择的代际差异：封闭空间和开放空间

农民工群体的结构性特点决定了他们的市场机会和就业空间，也决定了他们的就业流动和生存机遇。对农民工来说，他们的资源链接能力有限，也即他们缺乏横向连接能力，虽有亲缘网络、地缘关系等的先天性支持，但更多呈现出低水平特征，缺乏内聚能力和内生提升能力；他们的生存空间主要位于城市非核心地区，大多处于城市权力关系的低位和职业等级体系的尾部，主要居住在企业或工厂的集体宿舍、租住在城中村或城市边缘地带，虽集中居住或者聚集租住，但本质属于分散的个体，缺乏自组织能力和资源动员能力。因此，这种群体性结构特征也体现在不同类型农民工群体的就业空间差异和对就业择业的选择上，在 G 厂的实地访谈就呈现出了农民工群体的组内差异。

（一）退出型农民工更青睐封闭空间的安全感和低成本

退出型农民工青睐封闭空间，是因为封闭工厂可以暂时缓解他们退出劳动力市场的心理紧张，也是他们在城市居住生活的安全港。在 G 厂调研时，人力资源部门的负责人就说："对于一线生产工人的管理，基本按照国家的法律法规办事就不会出问题，尤其是要严格遵守劳动法和劳动合同法，企业现在也是弱势，也不容易呀。你看，我手上现在就有两起事件要应诉，一个是离职纠纷的，一个是司机酒驾的，这些事情

96

发生了，最后，基本上都是公司来兜底。如果公司不满足工人的要求，他们可以闹，可以吵，可我们不行，多半需要赔钱了事。目前，我们厂面临着一个重要的难题，有一批十来个一线员工到达退休年龄了，我们很想续聘他们，可是社会保险没法衔接，不签订合同的话，出了安全事故或别的什么事情，就很难办了。其实，这批老员工也想继续干，不干，他们也没有地方去。他们的退休金，也难以支撑他们在广州继续生活，回老家的话，估计也难，但具体怎么难我也谈不上。我们跟那些要退休的农民工聊天的时候，他们也表示，只有在工厂打工，才觉得安全，才觉得生活有盼头。不然，能干什么呢？"企业管理者面临着退出劳动力市场的农民工群体构成了企业运营和管理的重要难题。其实，这部分人更加构成了政府治理和社会保障的难题，因为一旦离开工厂，这些农民工就必然面临社会化养老的问题，也将面临如何解决生存的问题。

国家与国家之间的竞争，地区与地区之间的竞争，本质上取决于制度之争。制度设计不仅要考虑到发展的问题，还要考虑到劳动保护的问题。农民工群体是中国市场转型和改革开放过程中涌现出的社会群体，制度松绑和政策优化推动他们成为支撑中国经济发展、城市建设和工业生产的主力军，但制度设计的不完善也使得他们退休时面临可持续生存的窘境。受访者刘 B 就说："要我谈谈我的打工生涯和未来的安排，好难呀。怎么讲呢？我今年都 49 岁了，在 G 厂负责生产线上的打包工作，在 G 厂工作也有十多年了。年轻的时候不听父母话，一定要跟村里面的同学结婚，父母不同意，说我还小不要这么早结婚，我不听。结婚以后，日子过得也不好，不过那时候普遍生活都不好，熬一熬也能过去。

后来，村里面的人都出去打工，还有的出去做生意，还有的出去给人当保姆，我男人又懒又喜欢赌博，出去打工留不住钱，我在家不干活也没有钱。日子过得越来越难，可别人家的生活过得越来越好，我没有办法，只好自己出来打工。刚出来的时候，年龄没有优势，人家挑，嫌我没有经验，年龄大，比不过年轻女孩好用。只好去酒店、宾馆打杂，扫地，搞卫生。工作时断时续，有时候酒店不续租了，老板就不干了，我也没活干了，还有一次碰到过老板跑了，害得工资和押金也没了。后来，进到 G 厂工作到现在，G 厂很好，管理规范，听说老板是大学教授，人很好，从来不开除人，除非自己不想干了，想走。不是我愿意在这里做，我也没有办法！年龄大了，回去种田也种不了，现在也没田地可种，田都荒了，地里都长草了；再继续打工，也没有工厂要，要不你帮我跟 G 厂说一说，让我继续干（笔者只能无奈地笑了笑）？家里还有丈夫要吃饭，这还不算生病了要怎么办。（问：在 G 厂你不是买了社会保险吗？社会保险也是可以转移的。）买是买了，我退休的时候缴纳年限可能还不够，因为以前打工的地方不正规，都没有买。我不知道，也没有想过退休了怎么办，退休金有没有，有多少都不清楚，种田又种不来，你说国家会不会照顾我们这些农民工呢？"在访谈过程中，刘 B 一再表示自己的两个顾虑：一是年龄大，外出打工不顺利，这么多年的打工经历，也没有多少剩余积蓄；二是忧虑不打工后的生活怎么办，年纪大了，只能回老家，种不了田的话，养老怎么办。刘 B 代表了 G 厂大部分老年农民工群体的现实困境，他们的养老问题怎么解决，家庭靠不住，重新从事农业生产也不现实，企业工厂不接收，他们的居住问题怎么解决，在城市居住无法负担，回乡下居住不确定退休金怎么领取。自改革开放至今，国家先后出台各种政策，从流动到择业，从合同到社会保险，从工资权益到子女受教育权益，从住房到积分入户等都有涉及，为数不多的空白就是针对退出劳动力市场的农民工群体的养老政策。

在实地访谈过程中，年龄较大的农民工很喜欢封闭工厂的打工生活，在 G 厂工作稳定，不用担忧解雇失业、老板跑路等突发事件；在 G 厂生活有预期，每天按部就班工作，就有稳定的收入来源。进一步来看，年龄较大的农民工都十分担心没活干、没班加、工厂没有订单等，他们觉得一旦自己离开了 G 厂，生活就会出现倒退，回到农村生活，若是子女孝顺还好，若是子女不孝顺的话，可能就会面临很多不可预测的风险。毕竟，离开了 G 厂，离开了 G 厂这个空间，他们无法找到自己可以信任、可以依靠的生存空间。

可见，工厂或企业封闭的空间为年龄较大的农民工提供了低成本的生存机会，也为他们在城市生存创造了条件，更为退出型农民工在城市获得社会保障提供了组织保护。

（二）稳定型农民工和成长型农民工更偏好开放空间的发展机会

同样在 G 厂打工，退出型农民工群体更忧虑未来，十分关心退休后的个人生活问题；而稳定型和成长型农民工群体更关注当前，对自己能够在城市稳定工作较为满意，尤其积极拥抱和适应新技术发展所塑造出的劳动力市场新业态，认为自己在打工之外还能借助移动互联网获得新的机会空间。当然，稳定型农民工所看重的机会空间，更多是劳动兼业机会空间，成长型农民工所看重的机会空间，更多是消费需求满足空间。

　　具体来看，稳定型农民工偏好开放空间，是因为存在兼职的可行性。在他们看来，新旧业态的并存，为他们提供了更多的技术套利机会，可以帮助他们在打工之外进行兼职。正因为在工厂劳动之外，还有借助新技术创造的新业态获得的兼职收入，稳定型农民工对自身的工作满意度较高。在实地访谈过程中，有不愿意披露姓名的被访者就表示"不是我不愿接受你的访问，也不是我不愿意告诉你真实情况，有些东西还是不说透，毕竟我还要在 G 厂继续打工。我在 G 厂打工，我老婆和大女儿在附近的工厂打工，一家人都在外面打工，最希望的就是不出事。（问：为什么害怕出事呢？）不出事的话，就可以赚到钱、存到钱，一旦出事的话，就不好说了。（问：出事是指什么？为什么这么说？）不出事，包括不出安全事故，出了安全事故就没有工作了；不能出现工厂倒闭、老板跑路，要不然拿不到工资；不出现意外，一出意外就没有办法出工，不出工就没有收入，还要扣工资，每天的生活开支也在那里。对我这个年龄来说，虽然有劳力赚钱，能够干活，但也面临着小孩长大了要结婚，家里的房子需要维护，可能还需要在县城给小孩准备新房，这都是很现实的负担。当然，在 G 厂打工还是很好的，老板比较人性化，管理也规范，基本不加班。平时不上班，我也会兼职做一点事情，以前就是被人叫过去打一点零工或散工，现在我自己买了一辆新能源汽车，节假日休息的时候可以当专车司机，赚的钱可以用来抵消一家人的生活费、租房子的费用等。至于对社会保障有什么要求，暂时没有想过这个问题，毕竟现在生活还比较顺利，只要打工，就有收入，而且是一家几个人的收入。"可见，具有较强劳动能力和市场生存能力的稳定型农民工群体，他们更看重的是能否有更多赚钱的机会和途径，有劳动机会和兼职机会就有可能获得稳定的收入。移动互联网的广泛应用和在全社会的普及，客观上使得消费者之间的交流变得更加畅通和便利，也为灵活就业创造了更多的交易空间和就职机会。对稳定型农民工而言，最怕没有机会，最想要的就是机会，有机会就有收入，劳动机会越多，收入水平也相对越高。

成长型农民工偏好开放空间，因为移动互联网技术的发展，改变了他们的社会交往、生活消费等方式，重构了他们的生活消费娱乐的生态，也给他们带来了更多的便利和乐趣。一方面，以移动互联网为代表的新技术和各种APP的存在，解决了成长型农民工跟社会的信息不对称问题，他们有更多的渠道和途径来了解和适应社会的生产生活、消费娱乐；另一方面，移动互联网技术也给成长型农民工带来了参与新业态、新经济的机会，他们可以做微商、可以在网上帮人打游戏、可以便利地找换工作等。因此，成长型农民工对现状的满意，既跟当前工厂秩序和劳动管理日益规范、劳动自主性和劳动权益保障水平不断提高有关，也跟移动互联时代的生活消费变得更加便利和有趣密切相关。在G厂，25岁以下的一线生产工人逐渐减少，并非企业不想招年轻人，而是招不到人，即便招来了人，留住人更难。因此，随着时间的推移，G厂一线生产工人群体的平均年龄也在逐渐变大。在为数不多的年轻农民工中，要想获得他们的信任，顺利做完访谈的难度也很大。在实地访谈中，一个直观的场景就是，所有年轻的农民工被访者都是一边接受访谈，一边玩手机，很多时候是看手机和做访谈同时进行。受访者欧阳B就说："我很小的时候，我爸妈就出来打工了，我妈妈在一家国有企业的厂办幼儿园做饭，我爸爸在一家电子厂做质检。爸妈出来打工后，我就跟着爷爷奶奶一块儿生活，读小学，读初中，其实初中也没有读完。后来又去读职校，职校读了一段时间，没什么意思，就退学了。于是，我就过来广州，在 G 厂打工。对我来说，打工真的很无聊，比读书还无聊，比老家干农活还要累。（问：你怎么会觉得打工无聊、生活累呢？）打工当然无聊啦，每天都做同样的事情，准点上班，按时离开，做不好的话，还要扣工资，挨主管批评，有时候还要返工。我的工资就那么多，养活自己都困难，一扣就没法生活了。逛街、买东西、吃饭的钱都不够，上网、玩游戏、买化妆品也都要花钱，真不够花。（问：你有没有参加劳动技能培训呢？）哪有时间呢，每天除了上班，就是玩啦！当然，上网能力算不算技能，你看我今天又参加了优惠团，节约了十多块钱呢！周末出去玩的团拼好了，也省了一半多的钱呢！我也不清楚政府资助的技能培训，每天上班那么累，玩的时间都不够，哪有时间去参加技能培训。"可见，在成长型农民工群体眼中，他们更看重是否娱乐，能否让自己舒适，凡是有利于他们社会交往、休闲娱乐、旅游度假的技术，都是他们眼中的好技术，凡是能够给他们带来体验式快乐的 APP，都是他们心目中的好工具。当然，他们在使用新技术的同时，的确也提升了他们在移动互联网时代的适应能力和融入本领。

因此，在稳定型农民工群体和成长型农民工群体眼中，他们更加看重开放的空间。开放的移动互联网空间给他们带来新的兼职机会和额外的劳动收益，给他们带来新的生活体验和新技术生活方式的快感；在退出型农民工群体眼中，他们只有在封闭的空间，在工厂内部，才能够实现自我的劳动价值，也才能够获得生活的安全感和确定感。

（三）成长型农民工偏好多元接触，退出型农民工更亲近熟人群体

同在工厂上班，成长型农民工、稳定型农民和退出型农民工的交往逻辑和接纳空间却存在明显的差异。对于成长型农民工来说，他们愿意接触和学习新事物，也愿意跟不同类型的人交往，尤其是对于新的生产技术、自动化设备，他们的适应能力更强；对于稳定型农民工来说，他们作为企业的生产骨干和主体力量，对劳动晋升、技术培训、人际交往等方面比较关注；对于退出型农民工来说，他们更愿意生活在熟悉的空间环境中，他们不想改变目前的工作生活状态。

1. 成长型农民工偏好多元接触

成长型农民工喜欢参与，更重视社会接触。对他们来说，目前正是积极拥抱新生活、新技术的人生阶段，也是需要广泛参与社会的人生阶段。有受访的年轻农民工就表示："我从技校毕业就来到了 G 厂上班，已经工作有 4 年多。G 厂的管理比较规范，基本上跟国家法定节假日一致，除了旺季或出货紧张的月份，一般不加班。这几年，我一直待在 G 厂不走，主要原因就是 G 厂管理规范，我有时间做自己的事情。下班、周末、节假日等，我的时间可以自己安排。我自己有考证，我的同学在一家制鞋厂操控机器，他的老板管得很严，就没有时间考证。我有时间出去玩，经常可以跟同事、同学一块儿爬山、聚会等，也会去看电影，认识朋友等。"对于成长型农民工来说，闲暇时间主要是投资自我和消费自我，一方面，他们愿意接触新事物，认识新朋友，适应社会的能力很强；另一方面，他们愿意学习新技术、新知识，提升工作技能。

2. 退出型农民工更亲近熟人群体

通过跟 G 厂的管理人员访谈了解，农民工内部的分化也很明显，尤其体现在内部的纠纷投诉上。通常来说，学历低、岗位差、收入差的农民工容易发生劳动纠纷，并且他们的劳资纠纷主要涉及物质利益，如工资增减、工作任务分配、加班费低等。年轻农民工主要涉及的是对个体的不尊重、对不公平的投诉，对他们来说，批评多、不尊重人、主管爆粗口等都会去投诉。

投诉目标的代际差异，背后折射的是不同类型的农民工群体的处境差别。受访的老年农民工就表示："我现在年龄大了，也不能干别的工作，就希望在 G 厂退休。平时不经常出去走，下了班就在工厂附近转一转。也不想学习新的技能，也不关心公司推行的自动化生产。平时主要跟熟悉的工友交往，也不会再去交新朋友了。等公司不雇我了，就只能回老家。"

退出型农民工群体的处境决定了他们的价值和选择，也导致了他们的行动困境。对他们来说，任何花钱的活动可能都是一种负担，任何增加收入的工作都是一种幸福，任何社会交往都需要成本和时间，他们更愿意将时间花在熟人身上。

第三节　劳动价值的代际差异：
劳动—储蓄与工作—消费

随着中国改革开放的逐步推进，包括农民工在内的大量劳动力被整合进现代化生产体系，成为工业化集中生产和全球化生产体系的重要组成部分。在这个过程中，劳动者的身体逐渐被现代化工厂就业体系所规训，劳动者的时间被全球化工厂就业体系所集中。从某种程度上看，农民工的身体和时间在这个过程中逐渐实现了要素化和组织规训。

在改革开放以前，劳动者自由流动和自主择业被严格限制，广大劳动者被整合进集政治、经济、军事等于一体的人民公社劳动，劳动者既缺乏劳动自主支配权，也缺乏职业选择权；市场转型以来，束缚劳动者自由流动和自主择业的各种政策制度障碍逐渐松动，劳动者获得了自由流动权、自主择业权，也逐渐形成了开放和自由交换的劳动力市场，劳动者的身体市场化也得以实现（黄金麟，2006)①，不仅劳动时间日益规律化，而且单位劳动时间内收入水平明显增加。

对农民工群体来说，劳动者身体市场化主要体现在劳动者劳动力的制度干预价格和市场交易价格。进入 21 世纪以来，国家制定和出台了最低工资标准制度，规定了劳动力价格的下限，劳动者只要进入城市劳动力市场就可以获得一个最基准的回报收入，并且回报收入会随着劳动技能、生产效率和工作能力的逐步提高而不断提高，这与农业生产过程中劳动力使用的自发性和季节性不同，劳动者在参与农业生产活动时往往不计较劳动力单位时间内的劳动效率，并且对劳动时间、生产资料和资金投入缺乏严谨的科学核算，因此农业生产获得的回报不稳定，并且存在"丰年收入高和灾年收入低"的波动性局面。

与劳动者身体市场化伴随而来的则是企业规训与农民工单位时间劳

---

① 黄金麟. 历史、身体、国家：近代中国的身体形成（1895—1937）［M］. 北京：新星出版社，2006：2.

动效率提高。其中，企业规训主要通过生产规训和时间规训两种类型进行。从生产规训来看，主要有将劳动者从单个的、松散的劳动力整合成为现代产业工人队伍，通过将成千上万的简单劳动力吸纳进全球工厂就业体制，并且利用现代产业体系和企业管理制度对劳动者进行形塑，使之能够按部就班地按照现代化生产流程进行生产，从而极大地提高了劳动者群体的整体生产效率，也提高了劳动者的收入水平；从时间规训来看，劳动者在城市主要有两种居住方式——资本主导型和社会主导型。"所谓资本主导型劳动力日常再生产模式，包括员工集体宿舍、临时窝棚和工作场所等居住方式，这类居住方式的主要特点是具有工作与生活一体化的特征，并且多为用人单位（或资本）负责提供食宿。社会主导型包括出租屋、借住、不固定以及自购房居住等既非资本直接提供也非政府正式部门（国家）提供的居住方式，这类模式主要由社会非正式部门通过房屋租赁市场来解决劳动者在城市的日常生活再生产。"①不管是集体居住还是个人自主，劳动者都将自己的时间分配权让给企业资方统一协调。企业管理者通过设计严格的时间管理制度，最大限度地减少了劳动者的休息时间和闲暇时间，从而提高了劳动者的劳动效率，塑造了劳动者的作息规律，当然这种通过支付较低工资来最大限度延长劳动者劳动时间的时间支配制度极不合理，但在事实上却帮助劳动者形成了现代化的时间观和单位时间效率观。

通常来说，通过身体的市场化和企业规训，目的是最大限度地激活农民工群体的劳动价值和要素能力，企业通过生产规训和时间规训，目

---

① 任焰，梁宏．农民工的日常生活［M］//蔡禾，刘林平，万向东．城市化进程中的农民工——来自珠江三角洲的研究．北京：社会科学文献出版社，2009：139.

的是更好地组织和管理农民工，使之成为组织化的生产性力量。经过改革开放 40 多年的发展，农民工群体在社会环境、制度变革、技术变迁、企业管理、社会心态等多方面的影响下，其劳动理念和消费价值出现了明显改变，尤其体现在退出型农民工、稳定型农民工和成长型农民工身上。

一、生产主体驱动与退出型农民工群体

对退出型农民工群体来说，他们从外出打工那一刻起，就承载着家庭的寄托和期望。对原生家庭来说，他们承担着赡养父母和支持兄弟姐妹的责任；对自己组建的家庭来说，他们需要抚养自己的小孩和维持家庭的正常运行。再加上社会主义文化和中国传统文化的影响，他们在外出打工过程中的容忍度更高，也更加勤俭节约。在 G 厂，受访的黄 B 就说："我大概是 1992 年出来打工的，当时是在老家同学的劝说下才出来的，她说我家里有四个小孩，不出来打工，连小孩上学的学费都拿不出。于是我跟丈夫就出来了，小孩交给爷爷奶奶带。先是在深圳，后来到佛山，再后来就一直在广州。我丈夫在另外一家工厂做搬运工，我在 G 厂生产部门做事。这么多年来，就一直待在工厂，电子厂、玩具厂、服装厂、制药厂等，我都待过。最怕的就是失业，工厂倒闭，老板发不出工资，一般一两个月就要给家里汇钱，以前都是通过邮局给家里汇钱，现在存进银行就可以了，也可以通过微信转账。一般情况下，我和我丈夫只留一些生活费，银行存一点，大部分都寄给家里了。四个小孩，两个老人，吃饭、穿衣、读书、生病等，实在是应付不过来。你说我自己有什么消费？我也不知道，每月的工资就那么多，吃饭的人那么

多，发完工资寄给家里后，手上剩下的就不多了。现在小孩长大了，大的已经结婚了，回家也要给孙子孙女钱，父母还在，每年都要给钱。吃的方面，午餐在厂里面吃，晚上自己回家做。我们两夫妻用的主要是租房的钱、吃饭的钱、买衣服的钱，其实最怕的就是生病，真的生不起病，也看不起医生，太贵了。"可见，老一代农民工群体中，他们具有较强的家庭责任感，觉得自己有义务要赡养老人和养育小孩，强烈的家庭责任感驱使他们必须不停地劳动。在他们看来，失业、没有工作、没有收入来源是最大的恐惧。只要他们有工作、有事做就很满足，劳动是其日常生活的主要内容，也是他们天然的本职，只有劳动，他们才能找到生活的目的和个人的价值。尤其是即将退出劳动力市场的农民工群体，劳动是他们唯一的寄托，也是他们生命世界的全部。

在访谈过程中，怕失业、担心没工作和没有收入来源是他们外出打工普遍最担心的事情，这种担心又跟他们对家庭成员的关心和对家庭责任的承担密切相关。实际上，G 厂 50 多岁的农民工反复念叨的就是现在生活成本太高，太难存钱了，其对应的行为就是勤劳动、多存钱，其体现的劳动价值就是重积累、轻消费，只有通过劳动积累才能给自己带来安全感，才能实现个人对家庭的责任。

二、消费主体构建与成长型农民工群体

不同于退出型农民工，成长型农民工普遍年龄较轻，未婚比例较高，并且很多本身就是留守儿童长大。对他们来说，如何通过外出就业来实现在城市生活的目标，如何通过劳动赚钱满足自己的消费欲望，是他们外出就业的核心和关键。在一定程度上，消费革命的到来和消费社

会的形成推动了包括打工妹在内的农民工群体在消费领域的再造，不同于生产领域的廉价、卑微、次等的"生产主体"形象，他们更渴望成为自由、平等、有价值、受尊重的"消费主体"①（余晓敏、潘毅，2008）。进一步来看，农民工群体逐渐实现由"生产工具"到"消费主体"的转变，正是通过在城市的消费才得以实现身份认同并融入城市②。尤其是随着移动互联网技术的发展，消费技术的升级和消费体验的便利，不断激发青年农民工内心的消费欲望，不断重塑青年农民工的生活参照，推动消费开始成为新生代农民工在城市生活的主导形态③。

建立在消费基础上的农民工身份认同转变，在成长型农民工身上体现得尤为明显。在 G 厂调查过程中，有受访者张 A 就说："我来自湖北的农村，靠近湖南边界的山区，自小就跟父母和姐姐一家四口人在广州打工，一直居住在白云区，我在白云区读了小学和初中，在读书期间，就经常帮助父母做些事情，增加家里的收入。初中没有读完，就出来工作了。读书没有意思，什么开销都要找父母要，父母又不给。当时我还挺讨厌父母的，觉得他们很小气，不给我钱用，别人在学校买东西吃，我总是钱不够。现在，我自己出来上班了，赚了钱就可以自己用了。记得读书的时候，我爸不给我钱，他总是说等我有本事了就自己去赚钱花。现在，我可以赚钱了，也有钱花了，但是总觉得不够花。每月工资一发下来，买点衣服、吃点东西、买手机、买游戏设备等，很快就花完

---

① 余晓敏，潘毅．消费社会与"新生代打工妹"主体性再造［J］．社会学研究，2008（3）：143-171+245.

② 唐有财．新生代农民工消费研究［J］．学习与实践，2009（12）：102-107.

③ 周贤润．从生产主体到消费主体：消费认同与新生代农民工的身份建构——基于珠三角地区的分析［J］．福建论坛（人文社会科学版），2018（8）：157-165.

了。只好等下个月发了工资才能继续买自己想要的东西，才能有机会出去玩。有时间也会出去旅游，G厂不怎么加班，所以出去玩的时间还是够的，但钱却不够了。"问：有没有想过给父母交一部分工资？答：暂时还没有，我还没有玩够呀！花呗还有欠账，每月要还呀！问：你不给家里钱，你的父母没有意见吗？答：肯定会，但我不管了，他们都在打工，都有收入。自己的钱不够花，能够有更多的钱花，是G厂青年农民工群体的普遍心态，张A就是其中的典型代表。在他看来，如何更好地消费才是他劳动和工作的追求核心，独享劳动成果或者通过工作回报来满足自己的消费需求，才是他们打工的原始动力。当然，笔者访问的都是在G厂打工的员工，没有能够访问跟张A同龄的，但没有出来打工、没有参加工作的青年农民工，所以不能够进行比较分析，这也是本研究的一大不足。不过，在G厂的访谈可以证明成长型农民工更加期望通过消费来证明自己的劳动价值和工作目的。

在访谈过程中，觉得工作没意思、等发工资要好好玩一下、赚点钱了就辞职休息一段时间是成长型农民工最感兴趣的话题，这种话题背后又跟他们个人主义的价值观密切相关。实际上，G厂20来岁的农民工反复提及"钱又花完了，要是再有点钱花就好了"，其对应的行为就是多消费、多花钱，其体现的劳动价值就是重消费、轻积累，只用消费才能给自己带来快乐和满足，才能实现个人的价值和意义。

三、生产主体驱动与消费主体构建的稳定型农民工群体

稳定型农民工群体既积极参与劳动，同时也会适度消费，对他们来说，劳动固然重要，但基本的消费也要满足。然而，勤俭节约的退出型

农民工群体更担忧的是退出劳动力市场后面临着收入减少后的生存问题；借助消费彰显身份认同的成长型农民工群体更关心的是如何满足自我的消费需求，如何通过消费来适应城市生活。稳定型农民工群体的劳动与消费基本能够兼容，劳动创造的价值要在原生家庭和自己组建的家庭之间分配，劳动所获得的回报也要满足父辈子代和自己的生存需求。

在 G 厂访谈过程中，中年农民工的劳动—消费观比较稳定，在量入为出的基础上保持盈余。被访者钟 A 就表示："要说工作，每天确实很辛苦，工作时间基本上都超过 8 小时，基本上做不到准点下班，总有这样那样的事情需要去做，总有这样那样的安排需要完成。累是肯定的，可是我这个年龄，不累点赚不到钱呀！要么身体累，要么心累，比起没有钱的心累，我宁愿身体累。身体累，休息一下，很快就可以恢复。我这样说，你应该就明白了！我们四十来岁的中年人必须要努力工作，不工作不行，上面还有父母要养，下面还有子女要养，负担重呢！在上班之外，肯定也有消费，怎么会没有消费呢？该花的肯定要花，比如去餐馆吃个饭，一家人偶尔在附近公园走走，这都是会有的。节假日过年回家，肯定也有不少花费呀！你问我会不会奢侈一回，这可能不会！我跟厂里面的小年轻不能比，人家吃完花完就算完，我不行，一是心里没法接受，怎么可以月月光呢；二是也不允许，父母还在，生活看病不得花钱呀，小孩还在读书，还没有结婚，这都得花钱呀！"因此，稳定型农民工群体，劳动参与积极性高，基本的消费支出也有，兼具生产主体和消费主题的混合特征。

具体来看，退出型农民工群体、成长型农民工群体和稳定型农民工群体的劳动价值和消费模式的基本特点可以总结如下（如表 3-1 所示）。

表3-1 不同农民工群体类型的劳动价值和消费特点

成长型农民工	稳定型农民工	退出型农民工
主动设计：在工厂劳动之外主动安排闲暇娱乐时间与活动； 劳动与休闲割裂：劳动报酬不足以支撑周末活动； 自我放逐型消费：听从内心安排，满足个体需求	现实需要：在工厂劳动之余会考虑兼职行为，劳动为主，偶尔有闲暇娱乐； 劳动和休闲结合：休闲是为了提升生活品质，也为了更好地劳动； 节约型消费：消费的多数是服从于劳动力的再生产	被动接受：按照工厂劳动安排工作和休息，白天工作，晚上休息； 有劳动无闲暇：除了劳动还考虑个人以后的打算； 自我剥夺型消费：消费控制在基本需求限度基础上

进一步来看，不同年代的群体，其消费模式与群体特征差异明显：

一是消费价值的变化。退出型农民工群体和成长型农民工群体的消费价值呈现出明显分异：为了消费而消费，生活是为了消费，这是成长型农民工群体消费价值的重要特点；劳动可以消费，消费是为了满足现实需求，这是稳定型农民工群体消费价值的重要特点；劳动是为了积累，消费是为了满足生存，这是退出型农民工群体消费价值的重要特点。

二是时间概念的变化。不同类型农民工群体的时间概念及时间利用存在明显分异：稳定型农民工群体的时间可区分为休闲时间和劳动时间，休闲时间不能牺牲劳动时间；退出型农民工群体的时间可区分为劳动时间和生活时间，生活时间就是休闲，劳动时间是为了劳动积累；成长型农民工群体的时间可区分为愿意劳动的时间和不愿意劳动的时间，休闲时间不能简单用加班费用替代。

三是身体的自主权。宿舍劳动体制建立了关于农民工身体掌控的全时段管理体制，农民工身体的控制权和使用权让渡给企业资方，从而导致农民工的主体控制不断被削弱，作为消费者和市民的身份被弱化。在这个过程中，稳定型农民工群体积极融入，并期待能够适应工厂体制和劳动力市场新业态的变化从而获得更多收益。而成长型农民工群体则期望找回对身体的控制权，其措施主要有：以流动性和短工化决定身体的使用权；提升消费的自主性掌控，通过消费重构个体的身份认同。对于年轻的农民工群体来说，做零工、打短工等已经成为很常见的现象，他们就业的非连续性对工厂/企业追求稳定生产之间形成了较为明显的冲突和差异。

四、农民工群体劳动价值的代际差异：工资积累与消费主体

基于 G 厂实地访谈的结果可以发现，成长型农民工群体、稳定型农民工群体和退出型农民工群体在劳动价值上存在明显的代际差异，成长型农民工群体作为消费主体的特征更为明显，稳定型农民工群体和退出型农民工群体在工资积累方面更为突出，具体总结如下：

一是行动上：选择—竞争。在年轻的成长型农民工群体看来，自主选择是个体成长的重要体现，也是摆脱家庭、学校束缚的重要指标。在他们眼里，社会是开放竞争的，又是公平多元的，最主要的是个体可以通过劳动实现经济独立和选择自主。因此，成长型农民工群体的劳动价值是个体主义的，即劳动是个体经济独立、可以强化自我选择的价值资源。劳动制度，尤其是短工化、兼职化的劳动体制，实现了他们的行动自由和物质需求。有些青年农民工在政策上的一胎化制度、教育上的个

体主义等因素的影响下，追求消费主义和个体主义满足的特征尤为凸显。

稳定型农民工群体和退出型农民工群体的劳动价值是家庭主义的。集体公社的解体，使得家庭单元的价值性和重要性凸显，家庭既承载着价值上的延续——生命延续和传宗接代，也承担着经济上发家致富的基础单元使命。他们勤勉劳动的终极追求是家庭主义的延续与发展。

这种行动差异还体现在汇款上：稳定型农民工群体和退出型农民工群体汇款回家主要是为了消除家庭贫困，增进家庭福利，具有保障型特点；成长型农民工群体汇款很少或基本不寄钱回家，收入更多用于享受型购物，如空调、电脑、手机、网络游戏、网购等，在成长型农民工群体眼中，家庭福祉的整体性提升并非其关注的焦点，个体消费主义的满足才是选择与行动的关注点。

进一步来看，这种劳动价值的代际差异还体现在参与农业劳动的差异上：在稳定型农民工群体和退出型农民工群体中，还存在劳动的双肩挑现象，既长期在外打工，又能回家接续农业劳动，做到了产业工人和农业劳动者两不误。成长型农民工群体的劳动具有拆分特征，外出打工短工化和高流动性，回乡又对农业劳动产生排斥。

二是情感上：文化—心理。总体来看，成长型农民工群体更多偏向城市本位主义的文化心理，而退出型农民工群体则呈现出乡土本位主义的文化心理。在年轻的成长型农民工群体看来，非本土、差异化、现代化的城市生活方式具有很强的吸引力，容易获得他们的心理认同和价值认可，但现代化的城市生活方式需要稳定的、可持续的收入支撑，绝大多数的成长型农民工群体可能无法实现这一目标；对于退出型农民工群体来说，他们具有高流动性、职业不稳定性、居住地多变动性等特征，只能间断地在城乡之间钟摆性流动，具有职业短工化和弹性工作的特点，农村是他们最终的归属。

与此同时，消费与闲暇也呈现出明显的家庭主义与个体主义分野。稳定型农民工和成长型农民工群体重视代际传承和代际责任。在他们眼里，个体有责任也有义务承担家庭内部的责任：赡养父母，指导子女。成长型农民工群体，个人主义和个人本位价值观占主导，在个体满足的基础上再来考虑责任，承担家庭责任更多的是利益溢出。

五、劳动周期的代际差异：先闯入者与后进入者

在 G 厂，退出型农民工群体往往是改革开放早期，差不多是 20 世纪八九十年代外出就业的农民，而成长型农民工群体通常是伴随着自动化生产、智能化制造而成长起来的新型劳动力。因此，早期闯入 G 厂的农民工跟后期进入 G 厂的农民工，在劳动周期、生存能力和发展机会等方面存在着较为明显的差异。

一是过早进入劳动力市场，会面临着"先入劣势"的情况。劳动能力对农民工的外出就业和生存发展具有重要的影响。改革开放初期进入劳动力市场的农民工，也是那个时期的农村精英劳动力，他们参与劳动生产的过程也是中国经济发展的过程。早期进入劳动力市场的农民工虽然获得了高于同时期农民的工资水平，但也面临着跟新时代农民工完全不同的制度环境。随着农民工社会保障制度体系日益健全，政府执法保障农民工合法权益日益完善，工资支付、劳动合同、矛盾处理等法治化水平不断提升以及各项政策制度逐渐完善，农民工的工资水平、劳动合同签订率、社会保险购买率和工作环境逐年在改善（刘林平、雍昕、

舒玢玢，2011)①，农民工尤其是新生代农民工的就业保障优势普遍提升（黄晓燕、万国威，2016)②，并且随着移动互联网的发展和新媒体技术的广泛使用，极大地提升了农民工的权益和自我保护能力（师萌、李慧群，2019)③。

因此，过早进入劳动力市场的老一代农民工，面临着的制度环境和社会支持普遍偏弱的状态，并且当时的中国正处在从站起来向富起来的历史转变过程中，发展主义逻辑主导经济发展，使得当时的农民工不仅工资水平较低、社会支持较弱、社会保障不高，而且积累较少，存在较为明显的"先入劣势"。当前中国的工业制造逐渐智能化和自动化，工人的保障和政府的执法不断健全，再加上移动互联网技术的发展催生了很多新业态，农民工不仅选择多，而且保障高，跟上一代农民工相比，具有较为明显的"后入优势"。

二是早期劳动政策不完善，社会保障待遇不高。中国特色社会主义市场经济是一个逐步发展和完善的过程，劳动力市场的政策制度也是一个逐步适应和改进的过程。在市场经济发展的早期阶段，国家劳动政策的缺失是造成我国目前农民工问题出现的重要原因（岳经纶，2006)④，农民工面临着"经济上吸纳、社会上排斥、保障上缺位"的状态。当

---

① 刘林平，雍昕，舒玢玢．劳动权益的地区差异——基于对珠三角和长三角地区外来工的问卷调查 [J]．中国社会科学，2011 (2)：107-123+222.

② 黄晓燕，万国威．新生代农民工就业权益保障的现实效度分析——基于 8 个城市农民工群体的实证调查 [J]．南开学报（哲学社会科学版），2016 (4)：122-130.

③ 师萌，李慧群．新闻传播角度分析自媒体对农民工权益维护的积极作用研究 [J]．农业技术经济，2019 (8)：146.

④ 岳经纶．农民工的社会保护：劳动政策的视角 [J]．中国人民大学学报，2006 (6)：14-19.

前，随着劳动关系市场化的基本完成，劳动关系政策也从市场经济的配套政策转向了劳工权益保护的政策体系（吴清军、刘宇，2013）①，保障基本生存权调整为保障发展权，确保农民工共享经济发展成果，逐渐成为政策的主流（孙中伟，2013）②，逐渐构建出国家与社会彼此赋权增能的"强国家—强社会"的合作主义的农民工权益保护模式（何伦坤，2016）③。

可见，早期劳动身份缺失、劳动政策不完善、政府保障缺位等原因，使得老一代农民工面临的政策环境较差，再加上政府的工作中心选择和保护性不够，使得当时农民工的社会保障水平不高，也未能赶上后续社会保障政策完善所带来的"保护红利"。在 G 厂的调查过程中，笔者发现，有部分流动性高、职业稳定性差的农民工即将退休，却面临医保缴纳年份不够的问题。按照规定，男性与女性需要在退休前缴满25、20 年的医保，未能足年缴纳，就面临着无法享受医保待遇的保障。当然，在退休后可一次性补缴医保费用，但这又会增加农民工的负担。同时，养老保险缴纳年份不够的农民工也大有人在。按照规定，城镇职工养老保险的保险费用要累计缴满 15 年，不足的农民工可以一次性缴费满至 15 年，但这对农民工来说也是一笔支出。大多数新生代农民工面临的此类问题明显减少，一方面在他们的成长过程中，中国的劳动政策

---

① 吴清军，刘宇. 劳动关系市场化与劳工权益保护——中国劳动关系政策的发展路径与策略 [J]. 中国人民大学学报，2013，27（1）：80-88.

② 孙中伟. 从"个体赋权"迈向"集体赋权"与"个体赋能"：21 世纪以来中国农民工劳动权益保护路径反思 [J]. 华东理工大学学报（社会科学版），2013，28（2）：10-20+47.

③ 何伦坤. 从"国家主义"到"强国家—强社会"：中国农民工劳权保护模式的转型 [J]. 云南行政学院学报，2016，18（5）：65-71.

和社会保障制度不断完善，覆盖率、保障水平都得到极大提高，尤其是新劳动合同法颁布以后，农民工劳动合同的签订比例达到一个新高度；另一方面，法治化的市场经济秩序不断改进，企业守法、政府执法成为常态。在 G 厂，绝大多数的新生代农民工面临的社会保障不健全的问题明显减少。

三是老一代农民工家庭责任感强，留存劳动力生产的比例低。老一代农民工在外出打工的过程中，不仅肩负着个体的生存，而且承担着家庭再生产的责任。平时务农、闲时务工成为很多中国农民的生活常态①，同样，早期很多就近打工的农民工，在家里农业生产繁忙的时节，会回家参加农业生产。因此，农民工外出打工既有经济理性的考量，也有文化心理的推动，更有家庭责任的驱动。对老一代农民工来说，外出就业不仅仅是个体理性选择的结果，同时也是家庭决策的结果（李强，2003）②，主要因为农村收入水平太低、家庭太穷。家庭经济资本的差异，对农民选择外出打工还是回流农村都有着显著的决定性影响（石智雷、杨云彦，2012）③。已有研究和现实都表明，大多数农民，尤其是老一代农民，外出打工并非寻求个人享受，更多是基于家庭理性的决策。

对老一代农民工来说，外出打工不仅可以改善个人的收入，更能够改善家庭的生活。因此，他们打工的报酬会更多地回馈家庭和家乡。李强（2001）指出，农民外出打工汇款回家是全世界的普遍现象，但是

---

① 徐百尧. 都市里的"乡下人"　乡下的"城里人"［J］. 社会，1997（3）：12-14.
② 李强. 影响中国城乡流动人口的推力与拉力因素分析［J］. 中国社会科学，2003（1）：125-136+207.
③ 石智雷，杨云彦. 家庭禀赋、家庭决策与农村迁移劳动力回流［J］. 社会学研究，2012，27（3）：157-181+245.

与其他国家相比，中国外出农民工汇款的比例最高，70.3%的农民工都给家里汇款，半数以上的农民工会将自己收入的四成以上寄回家。农村家庭中，家庭收入一半以上依靠汇款的占46.3%，八成以上依靠汇款的占22.3%[①]。农民工的汇款不仅能改善家庭生活和子女教育，也间接地促进了农村消费的增长（李强、毛学峰、张涛，2008）[②]，还能增加家乡的住房投资，改善家庭居住条件（明娟、曾湘泉，2014）[③]，有力地推动了输出地的经济发展（胡枫、史宇鹏，2013）[④]。

具体到退出型农民工群体来说，"先入劣势"会给他们带来以下现实的困境和问题。①积累少，保障低。总体来看，农民工工资虽然在逐年增长，但跟城镇职工工资水平始终存在差距。越早进入劳动力市场的农民工，面临和经历低工资水平和弱社会保障的概率越高，使得个人留存比例相对较少，获得完善社会保障的能力越弱。②身体差，支持弱。越早进入劳动力市场的农民工，老龄化越严重。再加上长期的高强度劳动，身体情况一般不太好，社会支持不够，其心理健康也得不到有效关注。③负担重，开支高。通常来说，进入老龄化阶段，医疗康养的支出会迅速增加，个体的负担会明显加重，缺乏子女支持的老人面临困境的可能性会更高。

---

① 李强．中国外出农民工及其汇款之研究［J］．社会学研究，2001（4）：64-76.

② 李强，毛学峰，张涛．农民工汇款的决策、数量与用途分析［J］．中国农村观察，2008（3）：2-12.

③ 明娟，曾湘泉．农村劳动力外出与家乡住房投资行为——基于广东省的调查［J］．中国人口科学，2014（4）：110-120+128.

④ 胡枫，史宇鹏．农民工汇款与输出地经济发展——基于农民工汇款用途的影响因素分析［J］．世界经济文汇，2013（2）：80-95.

第四章

权益回溯的代际差异：权益修复与利益扩展

权益回溯并非一个具有严谨内涵和外延的理论概念，在本研究中更多的是被当作一种经验概念，尝试着从日常生活、劳动管理和国家治理等不同层面来揭示出不同类型农民工群体面临生存问题的诉求和表达。对不同类型农民工群体来说，他们的处境、生存决定了他们如何看待个人与国家的关系，也塑造了他们对国家政策的期待和向往。因此，作为一个经验层面的研究概念，权益回溯呈现出不同类型农民工群体如何基于他们的现实处境、生存需求、国家政策等多因素的考虑，单向度表达出的某种利益倾向，并且这种利益表达和诉求跟存在政策的模糊地带密切相关，也不存在明确的利益相关体，是一种掺杂了历史、现实、政治、政策、话语等多重因素而形成的复合体系。

从现有研究来看，权益回溯在不同领域以不同的形式存在。关于民族性、国家性的权益回溯，如印第安人要求对美洲大陆土地的回溯权，这种土地权益回溯将导致美国根基的坍塌，影响美国的根本性存在（丁见民，2012）；关于战争赔款性质的权益回溯，如"二战"后欧洲战胜国要求德国的战争赔款，中韩两国的慰安妇向日本提出赔偿等（袁成毅，2007）；关于艺术品归还的权益回溯，如印第安人部落基于1990年通过的《美国原住民墓葬保护与归还法案》要求博物馆和收藏

者向美国原住民部落交还遗骨、陪葬品和圣物（王建民、王昊午，
2013）。而不同于上述情况，农民工的权益回溯具有非民族性和国家性
特征，也不涉及道德、政治、民族尊严等，而是指向具体的、基于劳动
关系而形成的劳动权益，既包括制度约束性权益回溯，如社会保险、劳
动保护、工作环境等法律法规以及政策制度明文规定的权益；也包括非
制度约束性权益回溯，如娱乐休闲、居住、网络、工会活动等。

对农民工群体来说，劳动权益是他们的核心利益，也是市场经济、
企业管理和政府治理的重要内容。大多数劳动者进入劳动力市场求职的
主要目标是获得较高的工资水平和较好的福利保障，通常经济发展水平
越高的地区和工资福利待遇越好的企业相叠加，往往会受到劳动者的青
睐和偏好。具体来看，从层次递进的角度，劳动者权益包括生存权和发
展权（蔡禾、李超海，2009），而生存权关系到社会的底线民生，发展
权则体现社会的文明程度和现代化水平；从内容维度来看，劳动者权益
包括流动择业、工资工时、劳动合同、社会保障、劳动安全、职业培
训、工会参与等，不同的劳动权益内容均由相应的制度法律给予保障。

从现实情况来看，农民工劳动权益的保护和利益分配的再平衡要以
做大增量为前提。改革开放的前 30 年解决了劳动者的温饱问题和就业
问题，也实现了部分人的发家致富，但是改革的存量主要以要素分配的
形式沉淀了下来，并逐步实现了要素收益和阶层利益同步的社会结构，
任何以革命、激进变革来改变现有利益格局的手段或途径均无法实现理
性和平的利益动态调整和均衡。为此，要更好地实现好、保护好劳动者
权益和更有效地干预劳动权益，需要以资源的增量为基础。这就需要不
断做大"蛋糕"和提升经济增量，最终以高质量发展实现经济增量来

提升劳动权益保护的主动性，以经济增量推动利益再分配时向劳动者倾斜。当然，通过发展增量解决存量的线性发展逻辑和应对策略，在解决旧矛盾、旧问题的同时，也会引发新问题和新矛盾。

第一节　权益回溯的差异性表现：劳动权益的视角

　　劳动是农民工最大的资本，也是农民工在城市社会、企业工厂安身立命的核心。劳动权益既关系到农民工劳动回报的水平，也关系到农民工劳动回报能否实现，农民工进行利益表达和权益回溯离不开对劳动权益的理解和认知。

　　从理论层面来看，劳动权益是指处在社会劳动关系中的劳动者在履行劳动义务的同时所享有的与劳动有关的权益[①]。基于概念的思辨逻辑，劳动者的劳动权益应该包括权利和责任，同时这一具有思辨关系和逻辑体系的概念需要适应经济社会、市场化程度、法治化水平来不断改进和完善。即劳动权益具有渐进演变的线性进化逻辑。

　　从内容区分维度来看，劳动权益的实际运行是渐进赋权、逐步完善的边际递增关系，正如学界将劳动权益区分为生存权和发展权、底线型权益和增长型权益等，在蔡禾（2010）看来："底线型"权益诉求是指劳动者在工资、工时、社保、劳动保护等方面达到国家法定标准而开展的利益诉求；"增长型"权益诉求是指劳动者不满足底线利益的获取，

---

　　① 常凯．劳动关系、劳动者、劳权——当代中国的劳动问题［M］．北京：中国劳动出版社，1995：305-306.

而要求自身利益的增长与企业、社会的发展保持同步①。即劳动权益具有从低水平向高水平、从生存向发展、从底线向增长不断演变的事实逻辑，并且这种劳动权益的事实演变具有法理依据、政策依据和人本依据。

从政府治理的实践层面来看，劳动权益并非抽象的概念，也并非演变的逻辑，而是跟具体的人、具体的事和相应的劳动权益内容联系在一起的。比如，劳动法规定：劳动者享有平等就业和择业的权利、取得劳动报酬的权利、休息休假的权利、获得劳动安全卫生保护的权利、接受职业技能培训的权利、享受社会保险和福利的权利、提请劳动争议处理的权利，以及法律规定的其他劳动权利。那么，农民工群体就会按照法律条文的具体内容，对照个人的实际情况，根据二者的耦合度做出自己的劳动权益有无得到保障的认知和判断。

根据 G 厂的实地调查和访谈结果得知，不同类型的农民工群体，劳动周期和劳动价值存在差异，他们的生命周期和生存能力也不尽相同，进而也会影响到他们的权益诉求与表达，具体如下。

一、成长型农民工的扩展性权益诉求，要求更好的发展型权利

随着中国人口的代际更替，20 世纪 80 年代及以后出生的人口世代成为人口结构的主体。在英格尔哈特（2013）看来，经济繁荣时期人口代际更替往往伴随着价值观更替，从而出现从强调经济和人身安全的物质主义的价值观向强调自主、自我表现和生活质量的后物质主义价值

---

① 蔡禾. 从"底线型"利益到"增长型"利益——农民工利益诉求的转变与劳资关系秩序 [J]. 开放时代，2010（9）：37-45.

观的转变，此时，文化权益、符号消费而非生存性资料成为新生代人口的需求偏好。年轻的成长型农民工群体也不例外，他们更加重视情感交流、休闲娱乐、社会交往和自我实现等价值，具有强烈的文化融入诉求（熊易寒，2012）。因此，成长型农民工群体的权益诉求集中在闲暇生活、娱乐活动、无线上网等生活层面，具有显著的非制度性约束特征。

（一）劳动休假权

渴望更多的假期而不是长时间、高强度的工作越来越成为新生代农民工群体的追求。他们在选择工作单位、挑选工作岗位的同时，通常会关注工厂是否要求强制加班、一周需要加几次班、周末是否正常休息等有关劳动时间的问题，以及工厂能否提供弹性灵活的休假制度。

通过汇总和列举不同访谈对象的评价和诉求可以发现：1. 劳动时间规范。"G厂的管理比较规范，每周工作5天的制度很好。从我进入这里上班以来，基本上都是每周工作5天，很少有连续加班的。""我进来面试的时候，面试的主管说我们这里加班不多。当时以为是在忽悠人，结果进来后，发现真的不用加班，每周只需要工作5天。"2. 严格执行国家法定的休假制度。"在这里没有强制加班，管理也相对人性化。最让我觉得爽的是一周只工作5天，周六、周日都可以出去玩。还有，工厂可以休年假，我已经休过几次年假了。""我以前在别的工厂上班时，遇到家里有事就很麻烦，请假要扣工资，在G厂就很好，我们也可以申请休年假，这样我家里有事需要回家的话，就不会扣工资，这点让我挺满意的。""其实，在这里挺好的，因为有假期，我有时候出去玩，就请了年假，反正人力资源管理部的人也批了，我说给我以前的工友听，她们都觉得不可思议。"在访谈过程中，年轻的成长型农民工，不约而同地对工厂不加班、周末正常休息的作息制度感到很满意，也间接表达了对超时加班、请假扣工资的企业及工厂的不满意，尤其是对于换过很多工作岗位的成长型农民工来说，一经对比，更是觉得享受劳动休假权利很好，并且被访者普遍庆幸自己找到了一份好工作。

（二）娱乐休闲权

在工作之余，年轻的成长型农民工群体更为关注企业的娱乐休闲运动生活，如是否有运动场、活动室等休闲设施，有无安排团建活动、聚餐活动等。在 G 厂调查过程中，笔者发现，能够安排活动，不管是简单的聚餐活动，还是集体性外出活动，如旅游、烧烤、参观等，都可以激发青年农民工的工作激情和生活热情。在他们看来，娱乐休闲是外出打工应有的组成部分，在劳动之余、工作之外，工厂提供也好，自己寻找也行，有娱乐休闲运动的话，工作满意度会大大提升。

通过将访谈结果汇总可以发现：工厂提供的娱乐休闲和自费支出活动共同存在。"每天下班后，最喜欢去的就是厂里面的活动室，在那里可以打乒乓球、打桌球、看书等。现在有智能手机，我们会买固定的套餐，有流量可以上网，可以听歌、追剧、打游戏，不过很少去网吧，都是在手机上解决。""你来我们厂的时候，有没有看到我们厂后面的足球场，我觉得应该是很标准的足球场，但我也不确定。这个足球场确实很好，我们下班后喜欢踢踢球、跑跑步，还可以跟女员工散散步、聊聊天，有时候生产部门还会组织一些拔河、跑步、踢足球等活动，比起每天拿料、测试、封装等强多了。""厂里也会定期不定期搞一些活动，比如：去黄埔军校附近烧烤，去番禺大夫山搞自行车比赛。"（问：您觉得开心吗？）"挺开心的！要是每个月都有这样子的活动那就更开心了。"丰富多彩的文化活动满足了成长型农民工群体对娱乐休闲运动的需求，尤其各种组织性的集体活动更是提升了成长型农民工群体的生活质量和融入感，既满足了他们的社交需求，也缓解了紧张的工作状态。当然，并不是所有工厂和企业都能够做到这一点，也不是所有成长型农民工都认为他们的娱乐休闲运动权利得到了满足。只不过，娱乐休闲运动权利逐渐跟成长型农民工的劳动权益混在一起难以区分，工厂企业需要纳入管理范畴。

（三）网络使用权

集体宿舍配备 Wi-Fi 已经成为很多成长型农民工群体的普遍诉求，但过度使用无线网络又会导致员工状态、生产进度受影响。在访谈过程中，居住在集体宿舍的成长型农民工十分关注企业能否提供 Wi-Fi，即便宿舍条件差一点，有网络服务提供，吸引力也会增加。而租房的成长型农民工，他们要么自己购买套餐流量，要么共用无线网络。一定程度上来看，Wi-Fi 已经成为成长型农民工群体的基本需求。

无线网络成为集体宿舍标配。"这个厂的住宿条件还可以，宿舍里面有网络。"（问：是不是你以前工作的地方住宿条件很差？）"特别差，十来个人挤在一间房很正常啦！广东的夏天又很长，热得难受呀。我听老乡说，这个厂的宿舍有无线网络，就直接辞掉工作过来了。再热的话，有网络也会觉得没有那么热了。""你知道吗？我们宿舍区都有无线网络的，一进宿舍就可以无线上网。就冲这点，我就愿意在厂里面待上几年，不过，要是网速能够再快一点就更好了。"（问：你们看不看中央电视台的《新闻联播》呢?）"不看，上网肯定是看娱乐节目、电视剧、电影啦！你看过《天天向上》吗?""这里还有一点让我觉得不爽，晚上到点要断网，要是不断网，该多好呀！周末就比较好，周末网络时间会延长一个半小时。"所以，带有无线网络的宿舍既是新生代农民工的生活空间，也是他们的娱乐空间。这在一定程度上表明，娱乐休闲也是成长型农民工群体劳动力生产的重要组成部分。

（四）尊重与公平权

成长型农民工群体非常重视能否受到尊重、得到公平对待，这主要体现在工作过程中不能被无端批评、不能接受不合理的指责等。在实地调查过程中，有受访者就表示："我的成长过程，跟你们（指笔者）可能不一样，就是父母体罚少了，恶言恶语指责也少了。我们很多工友不能接受主管安排任务时趾高气扬的样子，好像很了不起一样。大不了不干了。现在很多小厂都是求着我们去打工。少算一点加班费还可以接受，但是批评、指责我们就不能接受。"对他们来说，可以在物质利益上遭受损失，但不能不被尊重，更加不能接受被不公平地对待。

G 公司的人力资源经理告诉笔者："现在的年轻人很难管理，技工可能还想学点技能，普工说不干就不干。我们必须严格按照劳动法来管理。以前在管理过程中出现的纠纷，可能是暴力冲突，更多的是罚款、加班费等经济纠纷。现在不一样了，年轻工人跟公司的纠纷，很多跟管理人员不尊重、骂人、管理太苛刻等非物质性纠纷有关。"

因此，要求被公平对待、受尊重，不能接受简单粗暴的对待，也不能接受无政策依据的批评，是很多成长型农民工的共性。

二、退出型农民工的修复性权益诉求，要求解决退休后的劳动保障型权益

退出型农民工，即年龄在 50 岁以上、劳动能力日渐下降、面临退出劳动力市场的劳动力，外出打工几十年，虽有少许积蓄，但面临着劳动力逐渐丧失无工可做、养老没有着落的尴尬处境。因此，退出劳动力市场后的生存问题是他们关注的焦点重点。此时，退出型农民工将目光转向政府和企业，一则源于个人养老等问题的生存理性。在工厂、企业连续工作时间越长，对农业生产方式越生疏的农民工，越无法适应农耕生产方式的养老。家庭成员在外务工人数越多的农民工，家庭收入水平越高，对城市生产和生活方式依赖程度越高，对农村养老愈加排斥。二则跟政府长期以来形成的保护型、进化式舆论宣传有关。在退出型农民工看来，当前经济发展好、政策越来越完善、政府对民生的关注度越来越高，而他们作为劳动者为国家和社会奉献了一辈子，政府不能不承担其养老的责任。尤其是经常收看《新闻联播》、高度信任中央政府的农民工，要求权益回溯的诉求相当强烈。

具体来看，退出型农民工期望政府回应的权益回溯包括两大内容：一是按照工资总量（基本工资和加班工资之和）计算社保基数，按现有社会保障标准补购五险一金；二是要求按照现有的政策制度和基数标准进行权益回溯核算。

（一）担忧退出劳动力市场，面临收入下降和生活养老困境

访谈个案吴 A 说："再有两年，我就 60 岁了，厂里面要跟我解约了。"（问：那您有什么打算呢？）"不太想回乡下住，但是找工作也没有地方要了。我从 30 岁出来打工，干了二十几年，换了几个城市，也换了很多工作。现在再也回不去了。"（问：那您目前最大的问题是什么？）"养老，打工这么多年，身体吃不消了，病痛也出来了。要是不打工回家，那就没有收入来源，退休金估计有，但也不多，不知道以后靠什么生活呢？子女也靠不住，有两个儿子，他们也在外面打工，生活也不富裕。"（问：那你对退休后的生活有什么打算呢？）"只能回家，也没有别的地方去，家里有建好的楼房，不过就是担心没钱养老。这么多年在外打工，虽然赚了一些钱，也存了一些钱，但是回家建房、儿子读书结婚等各种开销大，关键是儿子也不成器，靠不住。"（问：如果有机会给你补交社保，您愿意吗？）"当然，我也希望能够有机会拿更多的退休金，打了一辈子工，就怕临到老了，没人养老。"（问：你工作的时候，工厂或企业都有给你缴社保吗？）"有些有，有些没有，缴的话也是断断续续，并且缴的基数也低。我们的基本工资低，厂里面购买保险都是以基本工资为基础，在我每个月的工资中，加班工资有时候比基本工资还要高，可厂里面计算五险一金时没有考虑到（加班工资）。"访谈对象钱 B 就说："我今年 53 岁了，明显觉得干活不如以前利索了。现在的工资收入不高，3000 多，有时候加班的话，可以拿到 4000 多。你算算看，我每月的基本工资 1800 元，加班工资大概每月 1500，可厂里面买社保的基数是 1800 元，我的加班工资没有计算在内。

厂里缴纳社保基数并没有算上加班工资，要是算上加班工资，我的社保就多一些，以后养老就宽裕一些。我的身体不太好，已经干不了重活了，很担心没有了工作怎么办！要是退休后，社保能够多发一点钱，回老家的日子也就没有那么多顾虑了。你不清楚我的家庭情况，我老伴前两年得癌症过世了，有一个儿子，一个女儿，儿子不务正业，至今没有结婚，不是不想结婚，而是没有人愿意和他结婚，我女儿嫁到离家不远的一户人家里，生活也一般。我不打工，就只能回老家了，跟儿子住在一起。一想到这个问题，就脑壳痛。我文化低，在外面打了30年工了，都是经常这里干几年，那里干几年，搬运工、建筑工、后勤工，还有很多说不出名字的工种。收入也不高，养活家庭和自己，积蓄也不多，就担心生病。有工打的话，基本上也就能够维持生活，就担心没有工打了，G厂不要我了，收入下降了，生活怎么办、家庭怎么办、养老怎么办呢？"从实地调查访问农民工和工厂管理人员的情况来看，农民工群体过去几十年的劳动积累，并没有为自己储备退休后的物质基础，尤其是绝大多数的农民工退出劳动力市场后需要返乡生活，缺乏可持续的支撑，这也是导致他们普遍忧虑返乡后的生活、担心不打工后的养老保障问题的根本所在。

（二）内心朴素的期待，希望政府和政策能够有所回应

党的十八大以来，展示和呈现改革开放伟大成就和社会建设巨大进步的舆论宣传越来越多，也越来越密集。在治国理政方面，党中央和国务院先后出台了一系列的措施，在农村推行扶贫攻坚战略、美丽乡村建设等，并提出在2020年全面建成小康社会。诸如此类的政治承诺和舆

论引导，主观上宣传了改革开放以来中国共产党带领全国各族人民艰苦奋斗建设现代化强国的成就和精神，客观上却激活了以退出型农民工群体为代表的社会困难群体对国家的想象和期待。笔者 2019 年在 G 厂调查期间，恰逢改革开放 40 周年和中华人民共和国成立 70 周年的大庆，这种大庆的舆论和氛围也转化成为农民工群体的自豪感和对未来生活的期待。

在访谈过程中，被访者宋 A 就表示："现在国家实力越来越强大，我在电视上和手机上看到了很多，现在生活可比我们以前好多了、强多了。并且我感觉政府现在是帮助我们老百姓的，尤其是习近平总书记的反腐力度，让我们这些平民百姓看到了领导人为民做主的决心。（问：你为什么会有这样的理解？）我经常看报纸和《新闻联播》。现在的政府这么强大，国家这么富裕，政策也一年比一年好。不管是在广州，还是在老家，我感觉政府对老百姓的照顾和帮助越来越多。在老家，没有劳动能力的孤寡老人都可以享受低保，这在以前是想都不敢想的；有些不住的土坯房，政府出一部分钱帮助他们建楼房，自己建房子，政府会出钱资助，早知道，我也不用这么早在家里建房子了；现在去老家乡政府办事，感觉态度比以前好很多了，以前都是爱理不理的，现在不同了，态度都很好，办不了的事情也会给我解释，并且好多项目都不收钱，以前办点事情，就要我交费。在广州，感受就更深了，现在出来打工，感觉被骗、被人利用的情况少了很多，社会治安也比 10 年前、20 年前不知道好了多少倍。以前动不动就被村里的治保队罚款，找工作不是这里交钱，就是那里交钱，有时候交了钱也没有结果，现在这些问题都没有了。我下班后，喜欢看看电视，经常看中央台的《新闻联播》。

（问：那你觉得党的政策好不好？）当然好呀，怎么不好呢？你看，有的农民工过年拿不到工资，政府会出面帮忙"讨薪"；有些无良的老板跑路了，政府也会垫资给我们（指农民工）发工资。这么好的政策，这么好的政府，我们碰到困难了，政府不可能不出面解决。现在政府的政策这么好，从上到下也都关心我们，我相信政府有能力解决我们遇到的问题。"可见，在退出型农民工眼中，国家力量，而非市场力量、社会力量，是最值得他们信任的，也是他们愿意进行利益表达和权益回溯的根本依赖。

（三）权益回溯的诉求，更多是基于现实境遇的理性考量

在实地调查过程中，部分退出型农民工之所以提出权益回溯的诉求，是基于对国家（政府）、市场（企业）、家庭（亲人）等多因素综合考量的结果。退出型农民工群体面临的现实问题就是个人积累少、工资收入低、身体状况弱等，需要支持和帮助。从市场（企业）来看，企业跟农民工签订的雇用劳动合同，按照规定缴纳了五险一金，可问题在于部分农民工面临退休时，并没有缴够年限，这就使得他们在退出劳动力市场时，将面临没有退休金支持的困境。但这跟企业没有关系，目前工作的 G 厂并没有违反劳动法及相关法律，自然也不会承担退出型农民工的养老问题；从家庭（亲人）来看，如果退出型农民工的子女孝顺，有能力赡养父母，那么他们的生活就会有保障。一旦子女能力差、对父母支持少或者没有，甚至出现不养老、"啃老"的情况，退出型农民工就会陷入很不利的处境，再加上部分农民工有职业病、慢性病的，那晚年生活可谓是很不幸的；从国家（政府）的角度来看，退休

金是国家代发，这就导致很多退出型农民工错误地认为，自己打工有缴社保，那么政府就有责任为他们提供退休保障，但问题却在于自身不具备领取退休金的资格。

可见，退出型农民工是农民工群体里面的弱势人群，退出劳动力市场缺乏稳定的工资收入、不符合国家政策不能享有退休金、家庭支持较弱甚至还有负担，这就使得他们的老年生活遭遇困境的可能性进一步提升，也使得他们对自己的未来充满不安全感和失望感。

三、稳定型农民工更看重现实的劳动回报

与大多数一线普工相比，稳定型农民工多指在工厂、企业里面从事技术工作，属于管理岗位的技术、管理型员工，他们的工资收入、工作地位、福利保障相对来说优于一线普通农民工。他们与新生代农民工相比，年龄也相差较大，工作经历和社会阅历也相对较丰富，多数正处在劳动能力的巅峰状态。他们普遍对当前的工作状态比较满意，一方面，中国经济的快速稳步发展为他们提供了充足的工作机会，即宏观的线性进化发展为其提供了机会和空间；另一方面，他们年轻、劳动能力较强，能够抓住经济发展提供的机会和空间，获得较好的收入回报，即微观的个体劳动能力周期与宏观线性发展逻辑同步合拍。

被访者郑 A 就说："追求？怎么说呢？我也不清楚我的追求。现在考虑最多的是怎么多赚钱！现在身体好，精力充沛，做事情也有经验，要跟老婆一起多挣钱。目前在 G 厂的工作岗位还可以，收入一般有六千多，不过，这需要加班才有，不加班的话，也就四五千。再加上老婆的收入，一般有一万左右，不过这个收入也经不起开销，要吃饭，要租

房，要给家里的父母和小孩用，还有人情往来、生病就医等各种开销，不过，一般我跟我老婆每个月也都能存下好几千。目前最关心的事情就是不能生病，要有更多赚钱的机会。（问：您觉得什么是赚钱的机会？）当然是厂里面订单多，业务量大，有加班的机会。还有各种法定的社会保障，厂里面最好能够提供。当然，如果厂里面的生活条件更好一点，偶尔安排下娱乐活动那就更好了。其实，现在技术发展这么快，我们通过手机经常可以看到很多的信息和机会。跟你说，移动互联网确实是个好东西，现在的很多信息都可以通过网上查询，网上也有很多的机会，只要自己愿意做，就会有回报。（问：有没有关心过自己的权益问题？）现在的管理很规范，市场也不像以前那么混乱，只要你勤快，就可以赚到钱，当然你说打工要赚很多钱，那是不可能的。现在确实比以前好多了。"可见，对稳定型农民工来说，两口之家共同外出打工，只要勤快，愿意工作，接受加班，就可以获得稳定的劳动回报。尤其是移动互联网技术的发展，一方面使得劳动力市场更加有序，政府的治理更加有效，信息更加透明；另一方面也使得农民工的市场能力不断提升，逐步改变了信息不对称所造成的困境和利益受侵害的情况。

进一步来说，实地访谈结果充分表明，不同代的农民工普遍对国家充满信任，对未来经济社会发展持正面、积极的态度，尤其是对国家的越来越强大充满期待。只不过，在涉及个体劳动能力周期与国家宏观线性进化发展逻辑的关系时，成长型和稳定型农民工关注的是国家发展提供的个体获得回报的机遇，而退出型农民工则要求利用不断完善的政策制度进行劳动权益的历史回溯。对国家和政府期待的不同表明，农民工的生存处境决定了他们的理性选择，成长型农民工和稳定型农民工的社会理性在不断提高，而退出型农民工的社会理性则回归生存理性，并且生存理性战胜社会理性成了个体行动的主导力量。

第二节 权益回溯的代际立场与逻辑视角

权益回溯取决于农民工类型，即农民工个体的劳动能力周期与国家宏观线性进化发展逻辑之间的交叉关系。成长型农民工，其年龄较轻，劳动能力周期处于上升期，他们更关心劳动过后的享受和消费，对未来考虑不多；稳定型农民工，他们的劳动能力周期与国家宏观线性进化发展逻辑同步合拍，这就决定了只要他们参与劳动就能够获得较好的收入回报，自然也不会考虑退出劳动力市场的事情；退出型农民工则不同，国家整体的线性进化发展距离个体越来越远，他们无法利用个体劳动能力抓住国家线性发展大势，也无法利用个体劳动能力妥善解决养老问题，对养老的恐惧转化为生存的危机，再加上长期受到国家正面、积极的舆论宣传和引导，使得他们对政府充满期待，认为政府有能力也有责任来解决他们退出劳动力市场后的生存问题，尤其是养老问题。

可见，权益回溯并非农民工群体的普遍诉求，只不过是特定农民工群体基于自身实际情况而进行的诉求表达；权益回溯也非涉及政治性、扩展性的权利表达，只不过是特定农民工群体基于自身面临的现实困境所进行的生存理性表达。进一步来看，分析权益回溯问题和探讨权益回溯逻辑，只需聚焦退出型农民工群体进行重点研究。在本课题研究的过程中，笔者重点对退出型农民工群体进行剖析，以成长型农民工群体和稳定型农民工作为补充。

一、退出型农民群体权益回溯的依据：现实考量与政策依据

对退出型农民工群体来说，个体的生命周期逐渐步入晚年，而劳动周期呈直线下降趋势。生命周期和劳动周期劣势的双重叠加，意味着退出型农民工，即年龄较大的农民工，需要面临以下现实问题。一是其生命周期进入需要被照顾、被帮助的阶段，并且年龄变老和身体机能衰退还会衍生出医疗支出、健康养护等费用。二是劳动周期进入市场无法就业的阶段，即很少会有企业、工厂等正规部门会继续雇用他们，他们面临着无法通过劳动付出获得稳定劳动回报的困境。三是自身内在的身体机能弱化和外在的劳动力市场不雇用，使得退出型农民工群体无法在城市继续生存，返乡或与子女共同居住，是他们最现实可行的选择。大多数人将不得不选择返乡居住，而返乡居住既面临着生活费用、医疗支出等问题，也面临着生活适应、身份转变等问题，这共同构成了退出型农民工群体所面临的生存问题。四是部分退出型农民工群体可以通过家庭养老安享晚年，大多数退出型农民工群体有退休金可依赖，还有部分退出型农民工群体因为个人、政策等多方面原因而没有退休金，但不管是有退休金，还是没有退休金，除去家庭照顾外，大多数都将面临大小不一、情况不一的生存压力问题。

为此，沿着退出型农民工群体的生存问题路径，笔者继续在 G 厂进行调查和访谈。总体来看，G 厂作为一家高科技企业，受到国有企业和上市公司双重身份的影响，在进行员工管理和企业管理的过程中，都能按照政府和政策要求，依法足额保障一线农民工群体的各项合法权

益，在社会保障上确保每一位农民工都能够享有法定权利。问题在于，农民工劳动力市场是改革开放之后涌现并不断发展的，市场在不断完善，政策也在不断改进，再加上农民工个体情况的特殊性和政策实施的稳定推进，使得个体跟政策不兼容、不同步的情况也在一定程度上存在。正因为政策是发展演变的，劳动力市场是动态发展的，农民工个体的情况自然也呈现出了多样性和差异性。

（一）劳动周期和生命周期同步下降的生存理性成为退出型农民权益回溯的现实考虑

2018年是中国改革开放40周年，也是中国农民工群体发展演变的重要时间节点。某种程度上来看，第一代农民工已经开始陆续退出劳动力市场，对于老一代农民工来说，如果未能在中国改革开放40年的发展历程中入户城镇，或者有子女可以依赖，那么返回出生地是他们最现实的选择。在G厂实地访谈中，被访者朱A就说："我很早就出来打工了，那时候家里很穷，邻居也穷，亲戚也穷，整个村都很穷。大家都在家里种田，种菜，养点鸡鸭，喂点猪，日子过得很难。遇上小孩读书，家人生病，有人结婚，家里就很难熬。那时候，为了结婚，我只能找信用社（现农商银行）借钱，找亲戚借钱也不现实，借钱多了，亲戚之间的关系容易变味，只能找信用社借支付利息的钱。结婚成家后，日子依然不好过，三个小孩要吃饭穿衣读书，没有办法，只好出来打工，一出来就几十年过去了。（问：这么长时间的打工，留下了什么积累没？）要说积累也有，在老家建了房子，三个小孩都成家了，但没有什么积蓄，打工这么多年赚的钱，基本上也花得差不多了。原本指望小孩长大后可以享小孩的福，现在看来不现实，老大两口子因为早年结婚时，钱给得比小儿子少，一直心里有怨气；老二是女儿，嫁到邻近的村子里，有孝心，但自己负担重；小儿子两口子只知道玩，也不好好上班，过一天算一天，赚点钱都自己吃喝用完了。（问：那你怎么打算呢？）等过两年不能干了，就只能回乡下了，好歹乡下还有房子，有地方住。家里也有田地，但抛荒很久了，自己要重新务农，也比较难，退休后的生活让我伤脑筋。我没有什么打算，也不知道怎么打算。如果国家能对我进行利益补偿，那肯定好。（问：为什么觉得好呢？）我打工这么多年，几百块钱一个月干过，一千多块钱也干过，几千块钱也干过，其实这么多年工作都差不多，就是工资差距太大。早前工资低，当然消费也低，再加上家里各种开支，没存什么钱；现在工资高，但是消费更高，近年的感受特别明显，物价都涨了，连鸡蛋之类的都涨价了。要是能够按照现在的标准，计算早年打工时的社会保障，那肯定好呀！我从社保拿退休金肯定要高很多，要是按照现在的标准，回老家后确实麻烦。（问：你觉得怎样做才能解决你的后顾之忧呢？）当然，如果国家能给我们这些早年付出劳动的农民工一定的利益补偿，那肯定好，因为我们也是为国家做出过贡献的人，我一生中最重要的时光都是在广东打工中度过的。现在国家越来越强大，你看今年的阅兵多有气派。现在的政策也越来越好，农村新农合保障力度越来越大，我想提高我们的养老保险也是应该的。政府有钱，国家做得到呀。"可见，在退出型农民工群体看来，劳动周期和生命周期的双重衰退后，如何实现从城市打工者转变为返乡后安度晚年的退休者，这是摆在退出型农民工群体面前最重大的生存问题，也关系到个人可持续生活的问题，对他们来说，离开劳动力市场就意味着丧失了经济自主性。如何在有限的退休金基础上维持退休后的生活，不得不说是他们最紧迫最需要解决的问题。

（二）新时代的民生福利政策成为退出型农民工群体权益回溯的政策依据

党的十九大提出，解决人民的问题是检验一个政权性质的试金石，带领人民创造美好生活是矢志不渝的奋斗目标，要始终把人民的利益摆在至高无上的地位，保障和改善民生是人民最直接、最现实的诉求。在民生福利政策方面，自 2013 年以来，统筹协调为中心的民生政策进入全面实施和不断优化的阶段，这一时期的民生政策将顶层设计和精准实施相结合，实现了教育、医疗、社保、文化和住房五大领域的全覆盖和无空当，中国农村民生政策进入了全方位深化发展的黄金时期①（魏丽莉、张晶，2018）。在这一过程中，强制式政策工具使用占比最高，超过六成（占比为 60.6%）②。同时，舆论的正面宣传成为官方报道的主流，舆论引导能力和传播能力成为检验主流媒体宣传报道的重要指标③，国家叙事与国家形象传播也成为舆论宣传的重要使命④，初步形

① 魏丽莉，张晶.改革开放 40 年中国农村民生政策的演进与展望——基于中央一号文件的政策文本量化分析［J］.兰州大学学报（社会科学版），2018，46（5）：91-101.

② 魏丽莉，张晶.改革开放 40 年中国农村民生政策的演进与展望——基于中央一号文件的政策文本量化分析［J］.兰州大学学报（社会科学版），2018，46（5）：91-101.

③ 舆论引导能力和传播能力的检验 人民日报十八大主题宣传精彩纷呈［J］.新闻战线，2012（12）：6-9.

④ 肖依.国家叙事与国家形象传播探论——以《人民日报》对"一带一路"的报道为例［J］.青年记者，2017（14）：33-34.

成了让人民群众有更多获得感、为人民群众创造美好生活、打通服务人民群众的"最后一公里"、中国共产党人的初心就是为中国人民谋幸福、"人民反对和痛恨什么"党就要防范和纠正什么五大方面话语创新的习近平人民中心思想①。在民生福利政策全面实施和正向舆论引导不断深入的影响下，老百姓的民生满意度②和政府信任度在持续提升。

在这个过程中，农民工群体也不例外，尤其是于退出型农民工群体而言，他们对党的信任、对政府的期待达到了一个新高度，尤其是对各种民生福利政策有了新的依赖。在 G 厂实地访谈中，大多数被访者普遍认为，国家有能力解决老百姓的难题。"我跟你说，现在农村的发展可不得了，村村通公路，有路灯，有自来水；大部分家庭都有楼房，很多人家都有摩托车和小汽车。""我告诉你，现在农民基本上不会再为吃饭穿衣犯愁了，而是为吃什么饭、穿什么衣犯愁，这在二三十年前是不可想象的。"可见，经过改革开放 40 多年的发展，在党和政府的主导下，农村经济社会发展水平不断提升，农民的生活水平也在不断提高，这一切都得益于党的正确领导。正因为党领导下的改革开放和富民政策，改变了农村的公共基础设施和农民生产生活的落后面貌，也使农民的内心渴求政府能够全方位解决农民的所有问题。在实地访谈中，很多被访者就表示"你看国家的工业发展越来越强大，修路建桥，通高铁，城市建设越来越好，对于解决我们农民工的退休保障问题，应该是没啥

---

① 齐卫平．习近平以人民为中心思想的五个话语创新［J］．理论探讨，2019（1）：115-121.

② 国务院发展研究中心"中国民生调查"课题组，张军扩，叶兴庆，葛延风，金三林，朱贤强．中国民生满意度继续保持在较高水平——中国民生调查 2019综合研究报告［J］．管理世界，2019，35（10）：1-10.

大碍的"。"国家这么强大，社会发展得这么好，我们农民不靠国家、不靠政府，那还能靠什么呢？说句实话，在以前，我们想要靠政府都是不敢想象的，你看，我当时出来打工时，除了应付家里开销外，还需要向政府缴公粮，有时候家里收成不好，或者没有来得及回家，还得花钱买粮上缴，可能这些事情你们年轻人不一定知道。在那个年代，国家还需要你缴公粮的时候，你能找国家要什么呢？现在，国家变得越来越强大！（问：你怎么知道的？）现在打开电视、手机上网，看到的都是国家越来越好的消息。所以，我觉得我们农民工退休后的生存问题，是可以找政府帮忙的，政府的政策也是愿意帮助我们的。我告诉你，我老家的村里面，精准扶贫，很多贫困户都有国家给帮忙建房子，残疾人都能吃低保，我退休了，要是养不活自己，我肯定会去找政府。"近年来，随着政府发展环境的改善，国家治理体系和治理能力的不断提高，服务型政府建设落到实处，也给农民工，尤其是退出型农民工，创造了表达利益诉求的机会空间和政策空间，在他们看来，政府不仅会回应他们的权益诉求，也有能力解决他们的生存问题，更有责任来保障他们的正常生活。

因此，从现实考量和政策依据来看，退出型农民工基于劳动权益进行的权益回溯，不过是他们面临着生命周期和劳动周期同步衰落背景下的生存选择和理性选择，也是在市场经济高速发展下、生活成本不断提升下进退两难生存压力的体现。对退出型农民工个体而言，他们作为个体劳动能力，不被市场和企业所需要，就意味着他们打工生涯的结束，也宣告了他们劳动价值的丧失；对退出型农民工家庭而言，除了部分能依赖家庭养老外，大部分的人将面临家庭代际支持不足而导致的生存困境；对退出型农民工所在社区而言，农村社区并没有制度化的养老体系和严格的退休年龄限制，所以，即便超过了法定退休年龄，也需要继续劳动，国家提供的养老保障不足以维持他们的可持续生存。因此，国家或政府，成为最有可能帮助和解决退出型农民工群体退休养老的支持性力量和依赖性对象，在实地访谈中，笔者很容易感受到退出型农民工群体对党和政府发自内心的热切期盼。

（三）寻求权益回溯的退出型农民工的基本特征

实地调查结果表明，农民工群体内部的分化及遭遇，决定了不同类型农民工群体的不同选择和利益诉求。从个体层面来看，寻求权益回溯的退出型农民工群体具有以下特征：

一是民生政策的保障能力有限。这些即将退出劳动力市场的农民工，多数劳动年龄较大，劳动能力衰退明显，同时社会依赖性和政策依附性较强，即他们面临着劳动周期和生命周期的双重衰退，但又缺乏社会支持网络和力量，尤其还面临着家庭代际支持的不可靠。在这样的环境中，身体退化、家庭支持不足、收入减少等导致内生性能力减弱，而各种常态性支出的增加，再加上外部支持不足，容易产生无望感，也容易将最后的救命稻草抛向国家和政府。近年来国家政策不断完善，民生覆盖范围不断扩大，民生保障水平不断提高，但是对于退出农民工市场的农民工群体，国家并没有出台针对性的保障政策，也没有对退出型农民工提供特定的社会保障。

二是缺乏可持续的市场生存能力。对退出型农民工群体来说，他们面临着双重脱嵌：首先是城市劳动力市场已经出现了重大变化，单纯地依靠劳动力从事简单劳动生产作为谋生手段的时代已经过去，未来的劳动力市场更多跟专业化、精细化的劳动技能相关，即便是想进入城市的非正式就业市场，也面临着年龄和技能的不足，以及需求方的高标准。以家政业为例，长期以来，家庭服务处于分散自由的状态，在当前经济社会发展阶段，家庭服务业基本上实现了专业化和规范化，自由分散的市场已经一去不复返；其次是农村生产也面临着转型，当前农业生产逐步专业化、规模化和产业化，单个的小农经营已经难以取得较好的收益，单纯依靠农业生产维持正常的生活已难以为继。这意味着，退出型农民工如果不能依靠个体和家庭留在城镇生活的话，那就会面临着城市留不住、农村留不下的双重脱嵌困境。

　　三是缺乏可靠稳定的社会支持。退出型农民工群体面临着三重困境：首先是随着生命周期和劳动周期的同步衰落，依靠劳动维持生活变得不可持续。在新的制度环境中，绝大多数企业不会雇用面临退休的劳动力，这就使得他们面临无工可打、无法依靠劳动获得稳定工资收入的困境。其次是家庭的不可靠。大多数退出型农民工退休后只能回归乡下，回归自己的家庭，但相当数量的退休农民工的家庭支持有限，这就使得家庭养老无法可持续。最后是社会支持的缺乏。大多数退出型农民工是农村户籍，所在社区的社会组织数量少，志愿服务和义工力量薄弱，这使得他们所能享受到的公益性社会服务严重不足，难以获得稳定的社会支持。缺乏企业、家庭和社会的稳定支持，退出型农民工的生存困境问题必将进一步凸显。

二、退出型农民工权益回溯的逻辑：政府回应、政策唤醒与身份意识

农民工作为城市的建设者和中国经济发展的劳动者，更多从要素功能、生产性角色进行定位，大多数研究关注的核心是农民工的劳动权益及其实现问题，或者是其劳动权益得不到保障及影响因素。退出型农民工作为即将退出劳动力市场的社会群体，这意味着他们不再被视为城市的生产要素，也非城市的建设者和劳动者。从劳动力生产的角度来看，返回户籍所在地养老是他们中大多数人最现实的选择。因此，讨论退出型农民工权益回溯的逻辑，需要从政策逻辑、治理逻辑和心态逻辑等维度进行深入分析。

（一）政策逻辑：舆论唤醒与身份意识

计划经济体制下的国企工人，其身份具有浓厚的计划经济色彩，即便在市场转型过程中的下岗再就业，其工人身份和身份认同仍然发挥着重要作用。劳动关系的逐渐商品化，推动了国家跟产业工人之间综合性社会契约向功能分化的现代契约转变。其中，契约关系建立在产业工人的身份及其认同的基础上，而契约关系的变化则基于产业工人集体主义的单位身份向个人主义公民身份的转变[1]（李锦峰，2012）。即便是国有企业改制，职工身份认同仍然发挥着重要作用。有研究表明，在市场化改革背景下，工人内部因身份不同而明显地分化为四个利益不同的群

---

[1]　李锦峰. 国企改制以来的工人身份认同——产业工人的身份、契约与劳动关系变迁 [J]. 太平洋学报，2012，20（7）：1-15.

体：国企退休职工、全民所有制固定工、全民所有制合同工以及国有企业内部的集体企业工人①（吴清军，2010），职工群体不同，其身份认同也存在明显差异，身份认同的差异导致了工人行动策略的差异。

市场转型过程中诞生的农民工群体，逐渐衍生出了农民工生产体制。从户籍制度的角度来看，户籍制度是"农民工"制度长期被维持的基本背景②（陈映芳，2005），农民工作为中国生产制造、城市建设的劳动者形象，以及作为中国社会中的第三种身份（陈映芳，2005），既构成了现有"农民工"制度的合法性基础，也影响了乡城迁移者的权利意识和利益行动表达。因此，对农民工群体来说，其始终缺乏一套国家认可的制度和政策，无法赋予农民工的市民身份，即便是最接近市民身份的积分入户制度，本质上还是在为城市挑选"精英农民工"，即具有较强劳动能力和市场能力、能够为城市发展创造财富的农民工。可见，对于退出型农民工群体来说，虽然打工劳动可以换取城市生活居住，但是不能自动取得市民身份，这也就意味着劳动力的养老需要回到户籍所在地才能完成。

党的十八大以来，随着中国的综合国力和经济实力稳步提升，有关"中国道路""中国模式""中国方案"的宣传深入人心，尤其是党的十九届四中全会提出的"中国之治"更是进一步坚定了广大人民群众对中国特色社会主义制度的信心和信任；党的十九届六中全会再一次提出党团结带领中国人民踏上了实现第二个百年奋斗目标新的赶考之路，

---

① 吴清军. 国企改制中工人的内部分化及其行动策略［J］. 社会，2010，30（6）：65-89.

② 陈映芳. "农民工"：制度安排与身份认同［J］. 社会学研究，2005（3）：119-132+244.

更是牢固坚定了广大人民群众对于实现中华民族伟大复兴的期盼。农民工群体也不例外，当然也包括退出型农民工群体。在强大的政治宣传和舆论引导下，退出型农民工的身份意识被唤醒，不过不同于计划经济下国企工人的国企身份认同，也不同于市场经济下中产阶级的契约身份认同，他们逐渐形塑出习近平新时代中国特色社会主义的身份认同。具体来看，退出型农民工的身份认同具有以下特点：

一是认同自己是改革开放和工业生产的贡献者。从年龄来看，退出型农民工群体的劳动生涯改革开放的历程基本一致，他们既是中国改革开放40多年的见证者，也是中国工业生产和现代化建设的亲历者，更全过程参与了改革开放过程中劳动力市场的巨大变化。在 G 厂的调查结果也表明，退出型农民工群体在个体经历和国家宏大叙事的叠加影响下，普遍形成了"自己是中国改革开放和现代化事业的建设者"身份认知，认为自己的打工劳动也是为国家、为社会做出了贡献。有被访者就说："这几年我经常看电视、上网，也在租的房子附近的宣传栏看报纸，就发现习近平总书记对我们农民很看重，对解决农民的问题很上心，像乡村振兴、精准扶贫等，都是冲着帮助我们来的。慢慢我也觉得我自己作为劳动者很自豪，生活在中国很自豪。"可见，在国家舆论的引导下，农民工的政治意识和身份意识也逐渐被建构出来，身份意识的形成必然会催生出他们的权益意识和行动选择。

二是认同自己是市场经济快速发展的相对剥夺者。从市场经济发展和劳动回报来看，退出型农民工的工资待遇随着中国经济发展和最低工资标准在不断增加，但近年来物价过快上涨，使得他们的积蓄和存款跟不上通货膨胀的速度，这就间接使得他们的购买力和抗市场风险的能力在不断下降。在 G 厂调查中，不少退出型农民工就忧虑"自己的收入不高，不知道退休以后怎么过日子"，"以前出来打工时工资收入水平很低，近年来工资水平在增加，但物价上涨更快，你说我要是按以前的工资水平来计算，那我存的钱还可以应付"，"退休金具体是多少，也不清楚，按之前的基数来计算的话，肯定是不够的，要是按现在的基数来计算的话，那日子还过得去"。可见，退出型农民工是在市场经济和工资制度不健全的过程中走完了自己的劳动周期，而当工资制度不断完善和工资增长逐渐常态化时，他们却要退出劳动力市场或即将退出劳动力市场，并且要在物价水平较高和退休金保障率较低并存的基础上实现养老。因此，存在相对剥夺的情绪和心理也是可以理解的。

三是认同自己是中国崛起的劳动者。近年来，随着习近平新时代中国特色社会主义思想深入人心，老百姓的共同体意识不断增强，对国家的认同感和身份的自豪感也日益增强。即便是退出型农民工，他们也有强烈的劳动获得感。在调查过程中，有受访者就表示："我外出打工三十几年了，看到了国家的日益强大，也感受到了国家的强大。以前出来打工时，不仅本地人瞧不起我们，工厂的管理人员更是瞧不起我们。现在基本上很少有这种情况，工厂管理人员也好，本地人也好，对我们都比较尊重了。以前打工的时候，那些老板想骂就骂，想开除就开除，现在都不存在这种情况了。因为我们国家强大了，政府会帮我说话。我们劳动者也为国家做出了贡献。"这种劳动者的身份认同，很容易拉近劳动者个体跟国家的关系，也很容易将劳动者个体整合进国家体系，使得不同类型的劳动者，包括农民工，对国家有着朴素而又真诚的认同感。

（二）治理逻辑：现实处境与回应型政府

农民工群体的出现跟中国的改革开放、市场转型密不可分，同时也是农民工的劳动周期和生命周期接入中国改革开放和市场转型的过程。因此，作为中国改革开放和市场转型的亲身参与者，他们获得了从事非农就业的机会，也获得了相对从事农业生产较高的比较收益；作为较早进入中国劳动力市场的劳动者，他们也因户籍制度的制约无法彻底市民化，也无法享有跟城市居民同等的退休待遇。因此，在农民工流入地地方政府看来，农民工首先是外来的，是非本土的，在本地政府的属地管理职能之外。即便随着区域发展一体化进程的加快，对农民工的社会关怀和人文健康关怀都有了明显的进步，流入地政府的管理和服务都呈现出鲜明的"留客"特征，而非服务"主人"特征，政府主办的各种文化娱乐活动、交通通信设施、技能培训工程、心理健康咨询活动等，本质上还是在于吸引和留住农民工在本地工作和劳动，而非吸引和留住农民工在本地退休养老。

一是退出型农民工受劳动周期影响，不再是城市社会的建设性力量和劳动者。从现实来看，流入地政府关心和关爱农民工群体的初衷通常服从于经济发展逻辑和社会稳定逻辑。在现实生活中，农民工认同现行经济运行体系和利益分配制度，并遵守现行的劳动用工模式，就会成为地方政府眼中推进经济发展的良性力量，成为支持地方政府追求经济发展的支持力量；一旦农民工认为自身的合法权益受到侵害，采用非制度化手段进行维权或集体性行动，容易被地方政府视为不稳定因素而"被维稳"。因此，作为非户籍身份的流动人口和外来的劳动力，决定了他们的劳动报酬并不包含劳动力再生产的价值，也不包含在城市退休养老的支出。当农民工的年龄不断变老，劳动能力不断减弱，也陷入生命周期和劳动周期的双重弱化状态，他们既无法在城市社会打工，也无法继续获得稳定的收入来源，再加上非本地户籍人口身份使得他们不能享有所在城市的社会保障和退休养老资格，他们在打工地的可持续生存面临着中断的风险。

二是回应型政府，推动劳动权益保障政策的线性进化。随着中国经济社会的发展，基于农民工的诉求及遭遇的问题，地方政府通常会及时进行回答或响应，并积极调动政府的力量、资源妥善解决问题，回应农民工的权益诉求，而在回应农民工权益诉求和推进农民工治理的过程中，回应型政府基本形成①（卢坤建，2009）。尤其是党的十八大以来，随着国家治理体系和治理能力现代化的不断提升，政府的顶层制度设计不断回应农民工的权益诉求，通过政策设计的优化和提升，实现了政府与农民工合作，有效回应了农民工的权益诉求，通过治理的方式保障了农民工享有公共服务的权利，满足了农民工对权益保障的诉求。

具体来看，基于政策的顶层设计，赋予了农民工流动择业、工资支付、社会保障、子女教育、政治参与、积分入户等各种权益，并且上述权益获得都跟农民工的劳动参与密切相关。因此，从政策演变的逻辑和视角来看，通常是农民工表达劳动权益诉求，接着政府通过政策设计和优化来回应农民工的权益诉求，进而形成了政府跟农民工之间的协同治理体系，即推动了保护型政府的形成，具体如图 4-1 所示。

_____

① 卢坤建. 回应型政府：理论基础、内涵与特征［J］. 学术研究，2009（7）：66-70+138.

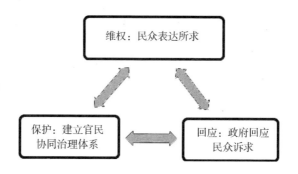

图 4-1　回应型政府的运行逻辑

　　在回应型政府建设过程中，在协同治理体系下保护型政府角色的形成中，以政策设计为工具的农民工劳动权益保障呈现出显著的线性进化趋势，实现了从流动工作权，到子女教育和居住权，再到政治参与和积分入户权的有序推进。正因为政策设计的线性进化，客观上催生了农民工群体对政府干预和政策支持的线性期待和渴求，也在一定程度上影响了退出型农民工群体的行为走向。

　　三是民生政策的属地管理，客观上不利于退出型农民工的福利保障。谢岳（2020）指出"中国的贫困治理模式成功地将执政党的政治领导力转换为一种现代化的国家治理能力[①]"，也是党的全面统筹管理，发挥了中央权威的理性化优势，也激发了地方政府与社会协同治理的活力，从而确保资源可以由党中央集体动员和使用，问题在基层得到落实和解决。对退出型农民工来说，他们是流入地经济社会发展的劳动者，但社会福利保障的落实却需要在流出地得到解决。问题在于，民生政策尚未实现全国统筹管理，比如，农民工群体医疗保险处于城乡医疗保障

[①]　谢岳.中国贫困治理的政治逻辑——兼论对西方福利国家理论的超越［J］.中国社会科学，2020（10）：4-25+204.

体系的夹缝和真空地带①，这种碎片化的状态使得农民工的医疗保险难以得到有效保障；比如，农村最低生活保障和国家推进的农村精准扶贫政策未能有效衔接，使得低保的效率和作用大大降低②。缺乏党领导的整体统筹、民生政策的属地管理，难以有效满足退出型农民工的保障需求。

（三）心态逻辑：政策设计和回应型政府孕育出的政治信任

一是政策宣传和舆论引导改变了退出型农民工群体对政府的心态取向。政策引导和舆论宣传改变了民众不信任党和政府的社会心态，塑造了他们遇到困难找政府、政府有责任满足个体的权益诉求的观念特征和行动取向。在 G 厂的实地调查过程中，有被访者就表示"以前，我打开电视就看电视剧和电影；现在，我打开电视就喜欢看国家建设的成就，关心国家的政策，关心国家又对老百姓做了什么好事"；"不知道为什么，近年来，我看到的都是关于政府怎么帮助农民的消息，乡村振兴啦，精准扶贫啦，在我老家，建不起房子的人政府会帮助，残疾人政府帮助吃低保，家庭贫困的人政府帮助找工作……"；"有困难找政府，我认为是对的，我现在面临的就是退休的养老问题，在城市打了这么多年工，按照现在的退休金政策，以后生活会很困难，希望政府能够按照现在的工资标准补缴社保，提高我们的退休待遇"；"近年来，我看电视和报纸的一个感觉就是国家越来越有钱，也越来越重视老百姓，老百

---

① 邓大松，刘国磊. 突破农民工医疗保险缺失困局——基于社会排斥理论的视阈 [J]. 江汉论坛，2013（6）：132-135.

② 左停，贺莉. 制度衔接与整合：农村最低生活保障与扶贫开发两项制度比较研究 [J]. 公共行政评论，2017，10（3）：7-25+213.

姓有问题，政府都会帮”。可见，党的十八大以来，以改革开放为主题的正面宣传和中国特色社会主义理论的舆论引导，使得民众对国家和政府的认同感和自豪感极大提升；执政为民的理想不断深入人心，使得民众对国家和政府的信任度和信赖度不断增强。相关研究也表明，来自政府支持的获得感有助于农民工更倾向采取体制内的权益表达方式，来自政府支持的获得感通过提升农民工的政治信任而降低了其采取体制外权益表达方式的可能性①（唐有财、符平，2017）。

不同于计划经济时代，所有人都通过单位，使自己跟公共制度、政府联系在一起②（张静，2013），并且建立起制度化联系。回应型政府建设也改变了民众跟政府之间的关系，通过赋权给民众，使得民众能够参与国家治理，培育出了民众的参与式文化③（吴一鸣，2017），也拉近了民众与政府的距离，改变了民众直面政府的行为。通过在 G 厂的调查就可以很明显地感受到农民工群体对党和政府的高度信任和信心，退出型农民工尤为明显。

二是市场周期性演变和个人遭遇的多样性坚定了退出型农民工对政府的高度信任。在 G 厂实地调研过程中，笔者发现绝大多数农民工的流动性都很强，包括工作地点的变动、所在工厂企业的变换、工作岗位的调整，并且上述流动大多数属于平行流动，只有极少数能够获得技能提升、岗位升迁、身份改变等。相关研究也表明，换工是劳动力市场中

---

① 唐有财，符平．获得感、政治信任与农民工的权益表达倾向［J］．社会科学战线，2017（11）：67-79.

② 张静．公众怎样依靠公共制度？ ［J］．吉林大学社会科学学报，2013，53（1）：14-18.

③ 吴一鸣．参与式治理应对邻避冲突问题探究［J］．中国行政管理，2017（11）：141-144.

略占劣势的农民工实现工资增长的途径之一①，但频繁换工并没有改变农民工工资水平整体偏低的状况②，并且这种平行的跳跃式换工行为反映了农民工在经济需要和社会需要之间的游移，由此也折射出其劳动体制的单向性③以及与城市社会的脱嵌。被访者涂 A 就说："出来打工这么多年，在不同地方漂着，从老家到长沙，从长沙到佛山，从佛山到东莞，从东莞到广州，也不记得换了多少个地方，进的厂估计有十多个吧！最开始，打工的厂都比较小，收入也低，工作也累，年纪也小，只能晚上一个人躲在被子里偷偷掉眼泪，真的想回家。可是，回家也解决不了问题呀！只好咬着牙，干到实在受不了的时候，就考虑换一家厂，有时候老乡、工友就跟我说，他那里的厂不差，就买了票奔他们去。在不同的城市之间流浪，换工厂，换工作，收入有变化，到最后算下来，七七八八的，存的钱也不是很多。这么多年来，换了很多工作，你说工作有没有积累，我不清楚，其实很多工作都是靠体力，年轻，身体好，体力好，就能够干好，年纪大，体力不够，干起来就比较困难。工作有没有长进，也不清楚，你想呀，我一个农民工，怎么变也都还是农民工，靠劳动吃饭，靠身体吃饭。有时候真想早点回家，在外打工这么多年，还是觉得回家才有安全感。"可见，作为劳动者，农民工跟企业工厂、城市社区都是脱嵌的，他们的高流动性决定了既无法跟企业工厂建

---

① 贺霞旭，张东. 换工视角下的农民工群体内部工资及其增长率差异研究——基于四次珠江三角洲九城市的调查数据［J］. 华中科技大学学报（社会科学版），2016，30（4）：128-137.

② 彭红碧. 农民工与企业的博弈——我国农民工工资水平形成研究［J］. 经济与管理研究，2010（7）：116-122.

③ 黄斌欢. 跳跃式换工——新生代农民工劳动体制与就业策略［J］. 清华社会学评论，2013，5（2）：27-32.

立起长期的信任关系，也无法跟城市社区和居民建立起紧密联系，唯有政府才是最有可能给予他们支持和帮助的，正因为跟企业工厂、城市社区和居民的脱嵌，更好凸显出城市政府对他们的重要性，这对退出型农民工群体更是如此。

三、权益回溯的演变机理：集体性诉求、劳动保护和国家纠错困境

农民工作为中国城市建设和工业生产的劳动者和建设者，劳动是他们的最大价值，也是他们参与中国改革开放和经济发展的前提。通过交换劳动，他们跟打工地的政府发生了联系，跟打工地的工厂企业建立了合作，但这种联系与合作的基础就在于其是否在城市工厂打工。一旦他们离开了工厂和城市，基于劳动交换而建立的社会联系就会面临中断，打工体制下的正常生活也会无法维持。

（一）个体性的劳动权益问题上升为集体性的身份权问题

不同于一般性的工资权益、劳动合同、劳动关系等问题，农民工的劳动力周期性演变和衰退是一个自然的过程，也是一个无法避免的社会事实，随着农民工劳动周期的变动，退休养老问题会自动到来。长期以来，有关农民工问题的研究更多关注其"劳动权"问题，如劳动合同、工资支付和增长、劳动保护、劳动关系等，探讨落实农民工"劳动权"面临的障碍和因素，设计保障农民工"劳动权"落实的政策和机制。与此同时，农民工"市民权"实现和保障的问题，至今未能破局。在 G 厂实地调查过程中，笔者也发现，农民工普遍关注劳动和劳动回报、劳

动保障问题，比如，稳定型农民工关注的是如何通过劳动投入获得更多的劳动回报，如何尽可能地增加工资收入水平（对于举家随迁的农民工家庭，子女教育也是重点关注的问题）；成长型农民工关注的是如何通过劳动让自己的消费欲求得到满足，如何通过劳动参与融入城市生活。唯有退出型农民工更多关注的是退出劳动力市场后的社会保障问题，期待政府通过政策干预解决他们的退休金短缺问题，但本质上还是基于"劳动权"来表达"市民权"的诉求。

可见，退出劳动力市场后的个体生存问题，已经成为触及农民工生产体制的核心和关键，也是当前和今后政府治理和社会建设无法回避的社会问题。对农民工个体来说，长期低工资和低保障的农民工生产体制，解决了农民工在城市简单劳动力生产的问题，但未能触及农民工因生命周期演变而不能在城市劳动后的退休保障问题。因此，随着越来越多的农民工退出劳动力市场，会引发因个人劳动权益问题演变为群体性的退休养老问题，从而推动群体性的集体诉求演变为社会治理的难题，进而对国家治理和政策干预提出挑战。

（二）劳动权益保护的线性进化也容易转化为转型时期的"纠错困境"

改革开放以来，中国社会发生着巨大的转型。急剧社会转型期的社会风险，使中国社会成为一个充满风险的社会，贝克、吉登斯所指的风险形态在中国都存在①（杨雪冬，2009）。中国的社会转型期表现为结

---

① 杨雪冬 . 风险社会理论反思：以中国为参考背景［J］. 绿叶，2009（8）：296.

构转型与体制转轨的同步启动，即在实现以工业化、城市化为标志的现代化的同时，还要完成从以计划经济为特征的总体性社会向以市场经济为特征的多元化社会的转变。

社会转型冲击着旧有的保障体系。在中国农村，传统的家庭保障受到人口老龄化、家庭规模缩小、经济形态变迁、文化观念变更、计划生育效应等多种因素的冲击。其中，主要的保障措施就是土地平均分配机制，使得"耕者有其田"，不过，耕种土地所带来的收入不足以使农村家庭摆脱贫困①（劳伦·勃兰特、托马斯·罗斯基，2009）。在城市，计划经济时期，城市工人的生活机会与他们的就业身份捆绑在一起②（华尔德，1984），终身就业成为一种普遍现象，解雇很少，甚至辞职也是困难的。因此，城市工人在经济上和社会地位上依附于企业，并通过企业享有社会保障和福利。然而，在社会转型的剧烈震荡中，原有的社会保障体系日益瓦解。一方面，国家逐渐从经济领域抽离，市场成为劳资关系的主导力量，以再分配为基础的保障体制难以为继；另一方面，大量劳动者进入城市，其权益长期得不到制度的有效保障。就目前的情况来看，政府干预能够弱化劳动力生产与再生产之间的分割，但走向统一仍属未知数，因此要以增量解决劳动权益，避免政府陷入"纠错困境"。由于中国的市场转型和经济发展过程中存在诸多历史遗留问题，一旦政府尝试通过法律机制逐一解决这些问题，做出适当的赔偿，那国家将根本负担不起这笔费用。因此，不管是政府还是学界，都需要

---

① 劳伦·勃兰特，托马斯·罗斯基. 伟大的中国经济转型 [M]. 方颖，赵扬等译. 上海：格致出版社，2009：375.

② WALDER A G. Property Rights and Stratification in Socialist Redistributive Economies [J]. American Sociological Review，1992，57（4）：524-539.

正视且不断解决发展过程中存在的问题，但问题的解决一旦进入法制化道路，就要极力避免陷入权益回溯的"纠错困境"。

因此，劳动权益是一个现实的问题，需要多维度和比较性理解，可以从工资收入、劳动时间、社会保险、劳动保护、合同签订、工会参与等多方面进行分析和研究。通常来说，劳动权益保障更多追求广覆盖和基础保障，但又面临着高标准、多样化的诉求难题，尤其是十九届四中全会以来，中国特色社会主义制度和国家治理体系不断完善，国家治理能力不断提升，这就需要进一步推动回应型政府建设和保护型政府建设；要重视劳动保护与风险社会相连接，风险社会中缺乏稳定可靠的福利保障必然引发劳动者的不安全感，这就要求劳动保障不仅仅要着眼于劳动过程中的权益保护，而且要服从于劳动力生产和再生产的统一，要延伸到劳动者退出劳动力市场后的权益保护；要做好资源分配型劳动者权益保护，更要尊重政治参与型劳动权益，在日常的政府治理和企业管理过程中，要推动资源分配型劳动者权益保护方面相对倾向劳动者，同时尊重劳动者的政治参与型劳动权益；未来要通过产业升级和创新驱动推动经济进一步发展，不断盘活存量和发展增量，既可以避免激活现有利益格局的冲突，又能够建立法治化的利益分配机制，最终实现以增量解决劳动权益，避免政府陷入"纠错困境"。

（三）退出型农民工的集体性权益回溯引爆政府的"纠错困境"

对退出型农民工群体来说，在其劳动能力的高峰阶段所获得的劳动积累，未能有效转化为养老资源，而当劳动能力衰退且面临退出劳动力市场时，对生存的焦虑和对养老的担忧，导致他们向政府提出权益回溯的诉求。某种程度上，退出型农民工的权益回溯具有制度约束性特征：一方面，他们提出的以全薪购买保险、以现有标准补偿社会保险等诉求有一定的政策制度依据；另一方面，他们认为付出了劳动和为国家建设做出了贡献，理应得到国家的照顾和帮助，这符合政府一贯的舆论引导和宣传，具有一定的道义合法性。

问题在于，权益回溯必然给企业和政府带来"纠错困境"。对企业来说，钱从哪里来？企业的年度预算中，不存在支付权益回溯诉求的款项，事实上，企业既不可能也没有能力满足诉求，满足了当前这一批退出型农民工的诉求，如果以后达到退休年龄的员工提出同样的诉求要如何处理？对政府来说，一方面，一旦政府认可工人的权益回溯诉求是合理的，那么政府就需要采取措施支持工人维权，一旦解决了 G 厂工人的劳动权益回溯支付诉求，可能会引发普遍的群仿效应和全国性的连锁反应，从而导致以解决历史遗留问题为诉求的农民工群体事件呈现上升态势，很可能带来更加严峻的客观后果；另一方面，如果认定工人的劳动权益回溯诉求不合理，那么政府就需要从法理上和行政仲裁上表明农民工的权益诉求为何不能适用现有规范化的、具有较高标准的劳动政策和制度法规，即政府需要做出新政策、新标准前后适用边界及合理衔接的法理解释，这也是一个两难的问题，在道义承诺和现实选择上无法两全。

四、权益回溯引发政府"纠错困境"的发生路径

为何农民工群体中的退出型农民工要提出权益回溯的诉求，这种基于个人劳动权益的群体性诉求何以引发政府的"纠错困境"呢？其间

的发展演变路径是何以形成的呢？基于在 G 厂的实地访谈结果，大致可以总结如图4-2所示。

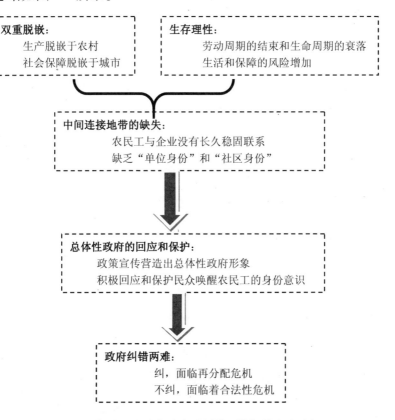

图4-2　权益回溯引发政府"纠错困境"的发生路径

可见，退出型农民工进行权益回溯的根本在于劳动者个体的生命周期和劳动周期演变所导致的生存理性考量。不同于计划经济时代的国企工人，实现了"从摇篮到坟墓"的生命周期保障，也不同于当前城市户籍居民，建立了工资水平和社会保障相适应的保护体系。退出型农民工基于退出劳动力市场面临退休养老的现实困难，期待政府基于当前工资标准或农民工实际工资水平回溯购买社会保险，从而对政府的治理和纠错造成了两难困境，其具体发生路径包括以下方面：

一是双重脱嵌使得农民工生产脱嵌农村，养老脱嵌城市，由于劳动周期的结束和生命周期的衰退，农民工迫切需要解决生存养老问题。对农民工来说，通过劳动跟企业、城市建立起联系，劳动周期的结束意味着跟企业的劳动关系、跟城市的居住关系的结束，生命周期的衰落需要解决养老问题，而返回户籍所在地养老是最现实也最可行的选择。在这个过程中，打工期间缴纳的社保将成为退出型农民工最重要的依靠。但问题在于，大多数农民工社保购买的标准是基本工资，而非基于农民工的基本工资和加班工资的总和，这就使得农民工的社保缴纳基数和领取标准都低。此外，还有大量的农民工在打工期间并没有购买社保，一旦退出城市劳动力市场（不管是正式劳动力还是非正式劳动力），其正常的退休生活将会面临着较大的风险和不确定性。

二是中间地带的缺失，使得农民工找不到维权对象。国有企业的工人和体制内的工作人员都有单位，单位在计划经济时代双重治理结构中扮演了重要角色。其中，政府的治理对象是单位组织，不是社会受众（可以用间接治理概括），而单位的治理对象则是所属社会受众（可以用直接治理概括）。与政府相比，单位实际上承担了分配资源、连接、协调、庇护、应责和代表的职能，发挥了"中间联系人"的功能。正因为单位作为"代理机构"和"中间联系人"的存在，使得政府处理问题和治理社会时，无须自己亲涉其中，从而导致了政府和大众是疏离的，社会成员无须也无权接触政府①（张静，2018）。更重要的是，单位通过应责、代表、庇护和协调，在基层社会担任了纠错职能，避免了

---

① 张静. 中国基层社会治理难题［J］. 领导决策信息，2018（6）：28-29.

民众直面政府。

就农民工群体而言，高流动性决定了他们不可能长期归属于一家具体的企业或工厂，这导致了农民工和政府之间存在"真空地带"，缺乏单位的缓冲和调解作用，使得农民工面临的任何问题都会直接指向政府。因此，中间地带的缺失，使农民工进行利益表达时，既不会找企业，也不会找雇主，而是直接找政府。

三是党的十八大以来，整体性政府的营造和宣传，强化了农民工对党和政府的期待和渴求。习近平新时代中国特色社会主义思想和道路的宣传不断深入，也使得民众，包括农民工，对改革开放以来中国社会所取得的伟大成就有了更具体、更深刻的认知和认同。在具体行政和治理过程中，政府及时回应农民工诉求，唤醒了农民工的身份意识，塑造了"农民工有困难找政府"的政治认同，从而建立了农民工和政府之间特有的"委托—代理"机制。同时，越是普通百姓，对中央政府的信任越高，对中央政府的期待也越明显。

四是农民工权益回溯直面政府治理，塑造出"有为政府"和"为民政府"面临的"纠错困境"。农民工的现实处境和中间缓冲地带的缺失，使得农民工的权益诉求直面政府治理，政策宣传营造出的"有为政府"和"为民政府"需要积极回应，从而导致了政府的"纠错困境"。不纠错，面临着合法性危机，影响农民工的政府信任；纠错，面临着再分配危机，将要应对和处理权益回溯的办法及措施如何制定和实施。进一步来看，一旦解决了退出型农民工的权益回溯问题，就会面临着其他群体的同样诉求如何应对的困境。

第三节　权益回溯与技术升级的耦合：新业态的吸纳

近年来，随着第四次技术革命①的深入推进，以机器人、人工智能为代表的自动化技术被广泛使用和重构产业生态，使得机器与劳动者关系的讨论重新成为热点。其中，最为重要的焦点问题就在于生产自动化的广泛使用，会不会形成机器人对劳动力的替代关系，即大规模的自动化、智能化生产制造会不会导致大规模的工人失业。

一、生产自动化对劳动力就业的影响

就技术升级和自动化生产对就业机会的关系来看，不同的理论逻辑和立场有不同的态度。内生增长理论认为，技术进步对就业具有创造效应，在替代旧工作岗位的同时，会创造出很多新岗位，总体上将促进就业的增长和吸纳更多的劳动力就业。比如，自动化技术倾向于扩大高技能职业的就业②，信息技术的使用会增加高报酬的经理和专业人员的需求③；自动化技术的使用导致中等技能职业的比重下降，就业和收入向

---

① 大卫·哈维. 世界的逻辑——如何让我们生活的世界更理性、更可控 [M]. 周大昕，译. 北京：中信出版社，2017：328；克劳斯·施瓦布. 第四次工业革命：转型的力量 [M]. 李箐，译. 北京：中信出版社，2016：97.

② Fernández-Macías E., Hurley J. Routine-biased Technical Change and Job Polarization in Europe [J]. Socio-Economic Review，2017，15（3）：563-585.

③ Bresnahan Timothy，Yin Pai-Ling. Adoption of New Information and Communications Technologies in the Workplace Today [J]. Innovation Policy and the Economy，2017（17）：95-124.

技能的高、低两端分布①，其原因在于高低两端的工作是非程序性的，需要工人去适应环境、解决问题或发挥创造力，因此高低两端就业比重和收入比重反而上升。② 加拿大的经验表明，技术升级会使得中等和高收入就业岗位都在增多，而不是直接取代中等收入工作（从事常规任务的工作）。③ 因此，技术升级和新技术的广泛使用，并不会导致就业总量的降低，反而使企业产出提高且提供了更多的工作岗位。④ 基于美国近 250 年的就业历史数据分析，也未发现技术进步会引发大规模失业。自动化技术的应用之所以不会引发大规模失业，其原因在于机器与劳动者之间的互补性，人工智能、机器人等自动化技术在替代劳动者所从事的工作时，也带来了需要劳动者发挥比较优势的新工作⑤。

与此同时，也有研究认为自动化设备和生产的推进，会对劳动力市场的就业有"破坏效应"，即技术进步通过加速现有工作价值的磨损直接提高失业率。⑥ 例如，人工智能的新进展可能会扫除制造业和服务业的大量高技能工作，这意味着即便是高技能工作人员也面临着失业的风

① Autor David H. , Levy Frank, Murnane Richard J. The Skill Content of Recent Technological Change: An Empirical Exploration [J] . Quarterly Journal of Economics, 2003 (4): 1279-1333.

② Goos Maarten, Manning Alan, Salomons Anna. Job Polarization in Europe [J] . American Economic Review , 2009, 99 (2): 58-63.

③ Matthias Oschinski, Rosalie Wyonch. Future Shock? The Impact of Automation on Canada's Labour Market. C. D. HOWE Institute commentary. 2017. NO. 472.

④ Autor, D. H. Why are There Still so Many Jobs? The History and Future of Workplace Automation [J] . Journal of Economic Perspectives, 2015, 29 (3): 3-30.

⑤ Acemoglu Daron, Restrepo Pascual. The Race between Machine and Man: Implications of Technology for Growth, Factor Shares and Employment [J] . American Economic Review, 2018, 108 (6): 1488-1542.

⑥ Aghion Philippe, Howitt Peter. Growth and Unemployment [J] . Review of Economic Studies, 1994, 61 (3): 477-494.

险。国内关于"机器换人"的研究也多集中在机器人的劳动力替代效应上①，认为自动化生产岗位的出现，会极大减少企业对劳动力的需求，也会大大缓解劳动力短缺对企业生产的影响，更可以大大降低企业的生产成本。

当然，也有研究认为技术升级在减少旧岗位的同时，会创造新岗位，这种新旧替代的过程对劳动力市场的影响是均衡的。一项基于德国多年数据的研究发现，机器人的使用降低了制造业的就业水平，但服务业岗位增加，总体上均衡。

就中国的实际情况来看，机器换人已在中国如火如荼地进展着，并且各地政府都在大力支持和推动机器换人。以广东省为例，2015 年，广东省人民政府出台《广东省工业转型升级攻坚战三年行动计划（2015—2017 年）》，鼓励制造业的自动化、智能化发展；2017 年，广东省经济和信息化委员会颁布实施《广东省工业机器人保费补贴试点工作方案》，补贴企业使用工业机器人。政策的大力支持和自动化生产的广泛推进，并没有导致工人的大规模失业，也没有看到工人的大规模抗争，这表明，中国的技术升级和机器换人改变了现有的劳动力市场结构，也影响了不同类型农民工的出路和去向。

在 G 厂也不例外。在笔者实地调查即将结束的时候，G 厂也逐渐

---

① 程虹，陈文津，李唐. 机器人在中国：现状、未来与影响——来自中国企业—劳动力匹配调查（CEES）的经验证据［J］. 宏观质量研究，2018，6（3）：21；吕荣杰，郝力晓. 人工智能等技术对劳动力市场的影响效应研究［J］. 工业技术经济，2018，37（12）：7；张艳华. 制造业"机器换人"对劳动力就业的影响——基于北京市 6 家企业的案例研究［J］. 中国人力资源开发，2018，35（10）：11.

开始推进生产自动化，不过不同于电子信息产业、一般制造业，G 厂的自动化生产推进较慢。通常来说，自动化生产或智能化生产包括三个阶段：第一阶段是机器换人对生产制造环节的岗位替代，比如，在搬运、焊接、喷涂等劳动强度大、工作环境恶劣的生产环节和工种岗位采用工业机器人；第二阶段是使用机器人工作站优化生产线，通过设置机器人生产单元，来达到对生产线的自动化控制；第三阶段是智能化生产线的改造升级，通过流程优化和系统集成，对现有生产线进行智能化改造，实现全流程的自动化生产。受制于企业经济实力、成本收益关系、市场发展前景等多因素考量，自动化生产推进并非一蹴而就，而是缓慢推进、逐步实施的过程，是一个渐进演变的过程。在生产自动化渐进发展的过程中，不同类型的农民工也面临着不同的选择和机会。

二、技术升级过程中不同类型农民工的个体遭遇与机会选择

G 公司的自动化生产首先是从仓储部门启动的，通过引入机械化、自动化的搬运设备，逐步推广到生产线的自动化改造。当然，全流程自动化是 G 厂未来的设想，但目前尚未完全推进。随着生产制造的自动化提升，不同类型的农民工在技术升级过程中实现了个体流动的分化。

（一）成长型农民工：顺势而为匹配自动化生产

对企业来说，维持稳定生产至关重要，尤其上马自动化生产设备，理论上企业是可以二十四小时不间断地生产。此时，企业对劳动力的使用，更多不是基于规模效应来降低用工成本，而是基于劳动技能来提升用工效率，尤其重要的是劳动力跟自动化设备的匹配，人机

匹配效果越好，生产效率越高，生产耽误越少，生产时间越长。在 G 厂，企业管理层往往着眼于从职业院校和技工学校招聘年轻学生，或者从社会上招聘年轻的熟练技工，作为企业的技能型劳动力，主要在于职业院校和技工学校，以及社会上的熟练技工；掌握了自动化设备和生产的通用型知识，他们可以很快地适应自动化生产岗位，熟练地操作智能化设备。

访谈中，一位刚从职业院校毕业且入职不到半年的新员工对笔者说："我刚从学校毕业不到半年，进入 G 厂是我的第一份工作。在学校我学的是数控自动化。我们这个专业的学生进厂打工很容易，很多工厂都要。现在机器换人成为潮流，不管是传统制造业，还是电子信息行业，都需要我们专业毕业的人来操控设备。"自动化生产设备的引进，客观上对企业内部的工作岗位进行了重构，有些工作岗位逐渐消失了，新的工作岗位涌现了。再比如，搬运工，是 G 厂最为辛苦的工作岗位，只要有进出货就离不开搬运工，自动化包装线和叉车设备的使用，导致依靠体力的搬运工岗位消失。比如，自动化设备操作工，以前生产线都是工人手工操作，自动化生产线引进后，不再需要人工生产，但需要工人来看护、维修自动化设备，只有在职业院校或技工学校受过培训的新生代农民工拥有知识和技能，才可以进行操作。在这个过程中，掌握了自动化生产知识、技能和经验的新生代农民工才有工作机会，而老一代农民工普遍被自动化生产设备所替代了。

因此，只有新近进入劳动力市场或刚刚完成学业的年轻劳动力，才能够在 G 厂的自动化生产中赢得自己的工作岗位，而那些年龄较大、信息素养较低的中老年劳动力往往在技术升级过程中被机器人所替代。

（二）稳定型农民工：适度培训上岗或换岗

中年劳动力是企业稳定生产的骨干力量，也是企业弹性生产得以维持的根本力量。对很多企业来说，中年劳动力不仅生产熟练、经验丰富，而且对企业忠诚，愿意长期在本企业工作。G厂也不例外。得益于一批中年为主的劳动力队伍，使得企业能够从容面对市场弹性生产的需要。随着自动化生产设备的投入和智能化制造的实现，劳动力素质显得更加重要。为此，G厂在厂内中年骨干劳动力中进行选择和培养，通过跟设备厂商、跟培训机构合作等方式，选择部分劳动力进行技能培训，从而帮助他们适应自动化生产，并继续在厂内就业。

一位受访者就表示："我本来是厂内的生产主管，负责管理一条生产线。由于我懂技术、爱学习，愿意钻研设备，对新技术的适应能力较强，被生产部经理看中，派到设备厂家进行驻厂培训学习，跟随自动化设备厂家的工程师、技术员一块儿完成设备在我们厂的安装、调试、测试等程序。这样，我很快就适应了这套自动化设备，从而继续留在自动化生产线上。当然，我有些同事，他们因为不能适应新技术、新设备，就只能调岗或离岗了。"可见，自动化生产也对稳定型农民工进行了分化，适应能力强的农民工可以继续留在原有岗位上就业，不能适应的农民工通常会以厂内轮岗的方式进行分流。

G厂生产部经理接受访谈时就表示："在自动化设备逐步推进过程中，很多岗位肯定要缩减人工，这就导致我们的用人总量会下降。另外，引入新设备，也会产生新的岗位需求，我们公司倾向于对原有劳动力进行培训，从中择优上岗。那么，那些不能适应自动化生产的劳动力，尤其是骨干劳动力，我们公司通常不会辞退，会以内部轮岗的方式，将他们调整到一些辅助性、非技术性岗位继续就业。"

总体来看，技术升级对稳定型农民工产生了一定程度上的分化，但这种分化主要是在厂内进行岗位调整，不涉及辞退或解雇，除非自愿离职；但大多数稳定型劳动力还是留在 G 厂工作。

（三）退出型农民工：技术挤压主动或被动离开工作岗位

在技术升级的外部冲击下与企业自动化生产的内部冲击下，退出型农民工面临着技术和市场的双重挤压，使得他们面临更加不利的境遇。从企业层面来看，退出型农民工普遍存在着教育水平有限、劳动技能不高、劳动能力不足等问题，难以高效地完成企业生产任务安排；从个体层面来看，他们的学习能力不足，难以适应自动化生产所需的知识技能。因此，技术升级进一步加剧了退出型劳动力的生存压力和适应困境。

一位接近退休的老年劳动力就表示："我 20 岁就出来打工，在东莞、佛山、中山、广州等地都工作过。20 世纪 90 年代打工找工作很难，很多玩具厂、制鞋厂、电子厂等，都喜欢招年轻女性。后来，进工厂很容易，2005 年的时候民工荒，我们找工作就比较容易。基本上只要你愿意，简单培训就可以上班了。现在工作不好找了，很多工厂企业都是自动化了，我们年纪大了，跟不上，也适应不了。在 G 厂工作已有 8 年了，以前觉得还好，现在觉得随时有被解雇的可能。你看，连搬运工都不怎么需要了，我们打包的工作岗位很快也会采用自动化设备。"

因此，对退出型农民工来说，选择空间有限，随着技术进步和自动化的引入，原有的工作岗位会逐渐消失，老龄、低技能的劳动力会首先受到冲击，只能主动或被动退出劳动力市场。当然，在技术升级挤压的同时，新技术也创造了新业态和新工作，部分被替代的退出型农民工，还可以进入非正式零工经济中当小时工，也可以进入外卖、快递等新行业继续工作。

三、技术升级的双面性与不同类型农民工的出路去向

技术升级对社会的影响，不同层面、角度和立场会得出不同的结论。整体来看，技术升级和自动化设备的引入，对企业和工人都会产生正反两方面的影响。从正面来看，自动化生产能够提升生产效率和生产稳定性，自动化设备只要调试和设定好，就能够长期稳定运行，同时也确保了制造产品的规范性和稳定性，能够将产品的不合格率降到最低；自动化生产能够极大降低工人劳动强度，很多重复性、繁重的体力劳动岗位逐渐实现"无人化"，繁重设备的使用和维修都可以借助机器人来完成；生产环境也得到极大改善，工人不再需要长时间待在危重岗位上，个人的安全防护水平也得到有效保障；工资待遇有不同程度的提高，但技术升级带来的工资增长难以有效测量。从负面来看，原有的岗位设置和用工方式出现了改变，辅助性岗位、重复性岗位等都在减少，流水线的岗位不断减少，一般劳动力的用工数量有所下降；对老弱、低技能劳动力存在一定程度上的挤压，年龄较大、教育程度较低、缺乏专业技能的劳动力面临着"无工可做"的窘境，靠体力、经验打工的历史一去不复返。

　　因此，技术升级对成长型农民工、稳定型农民工和退出型农民工的影响存在明显的分化。成长型农民工伴随着信息化发展而成长，所学专业和技能紧跟智能化、自动化制造发展趋势，因此掌握了使用智能化制造所需的专业技能，能够在"机器换人"趋势和企业用工方式中生存下来；稳定型农民工通常被视作企业生产制造的骨干力量，再加上他们经验丰富、忠诚度高，企业往往愿意对他们进行培训教育，助推他们中的多数成长为自动化生产过程中的技能型劳动力，部分无法通过培训实现技能晋升的人，可以通过换岗、进入辅助性岗位等方式继续就业；退出型农民工受限于个人条件，同时无法适应企业的自动化生产要求，往往会伴随着企业的技术升级而实现个人降级，要么退出劳动力市场，要么进入非正式就业领域，这就进一步加剧了他们的生存弱势，当然还有些人可以进入新业态，如网约工、外卖快递等实现灵活就业，但人数毕竟有限。

第五章

政府纠错与制度修复

退出型农民工的权益回溯及引发的纠错困境，对于城市中心主义的城市化和工业化逻辑与建立在户籍制度基础上的公共政策将会产生巨大冲击。当前，有关农民工群体的研究，本质上基于"劳动权"来进行分析，并没有上升到他们作为城市一分子应该具有市民权①（纪竞垚、刘守英，2019）这一事实进行政策安排。未来，应农民工群体的内部分化和代际诉求，不断推进制度修复，最终实现农民工群体劳动力生产和再生产的统一。

第一节 从权益回溯到政府"纠错困境"

G厂的实地调查结果表明，不同类型的农民工群体对劳动价值、生活需求、发展预期等存在明显差异。比如，成长经历不同导致退出型农民工和稳定型、成长型农民工群体价值观的代际差异，退出型老年农民工童年时代经历过物质短缺，对物质性需求的满足更为看重；而成长型

① 纪竞垚，刘守英．代际革命与农民的城市权利 [J]．学术月刊，2019，51（7）：13.

农民工自小在物质极大充裕、经济快速发展的时代成长，更多地关注自我选择和实现的满足。比如，教育经历和信息社会的适应能力也会影响不同类型农民工在移动互联网时代的适应能力，通常来看，成长型农民工普遍受过高中、技校及以上教育，同时紧跟信息社会的崛起，适应能力较强，也更拥抱移动互联网时代；退出型农民工普遍受教育程度不高，在移动互联网时代的生存能力明显不如成长型、稳定型农民工。又比如，参与权益回溯，使得个人眼前利益受损，如解雇、工作量减少、调岗等，稳定型农民工的意愿就会降低，而成长型农民工群体更关注个体感受，不太关注长远的安排。

本质上来看，成长型农民工、稳定型农民工和退出型农民工，构成了完整的农民工群体体系。在现有政策制度未能实现根本性改革的基础上，大多数农民工的劳动周期都呈现出"出生成长—成熟稳定—老龄退出"的倒"U"型结构，这是他们自身内在的生命周期规律，也是他们无法改变的劳动周期规律。对农民工来说，如果他们的劳动参与发生在制度环境和政策设计不完善、不成熟的发展阶段，那么他们的工资福利、劳动权益、社会保障等也必然是不完整，存在欠缺的，并且这种欠缺状态所导致的负面社会后果将随着农民工进入倒劳动周期"U"型的第三阶段加剧释放。

因此，退出型农民工提出权益回溯的根本原因跟农民工生产体制有关，包括两个基本层面：一是"拆分型劳动力再生产制度"，将农民工劳动力再生产的完整过程分解开来，"更新"部分如赡养父母、养育子嗣以及相关的教育、医疗、住宅等安排交由他们在乡村地区的老家去完成，城镇和工厂只负担这些农民工个人劳动力日常"维持"的成本；

二是"工厂专制政体"，主要表现为生产过程中高强度、长时间的简单劳动，微薄的工资待遇，严苛的管理制度，肮脏、恶劣与危险的工作环境①。也就是说，退出型农民工的权益回溯，本质上是身份认同和保障实现的利益表达。

一、身份认同之名：从生产单位到市民单位

对农民工来说，他们的身份定位始终在"农民—农民工—市民"之间变动，主观认同上可以选择农民工和新市民，但在户籍制度上，农民身份始终无法改变。农民工的身份认同始终在他们是城市的生产单位还是城市的市民单位之间变动，只有跨越生产单位走向市民单位，才能从根本上解决农民工的身份认同问题，也从根本上破解农民工生产体制问题，实现农民工劳动力生产和再生产的统一。

从生产单位的属性来看，权益回溯具有现实的发生基础：一是农民工作为流动的生产要素，服从和服务于城市发展和建设的需要。改革开放至今，农民工一直被定位为城市经济社会发展的建设者，也是中国融入全球化生产体系的重要优势。作为城市经济社会发展的建设者，意味着生产需求决定了农民工的功能，而非农民工的生活需求决定了他们的去向。生产需求决定了农民工，也导致了农民工的高流动性和变动性，作为流动的生产要素需要切合城市生产和建设的需求。二是农民工作为劳动的主体，用劳动交换个体在城市而非家庭在城市的生活。自从农民工群体出现以来，农村留守儿童问题就一直存在，段成荣、杨舸

---

① 清华大学社会学系课题组. 新生代农民工与"农民工生产体制"的碰撞［J］. 清华社会学评论，2013（11）：321.

（2008）根据 2005 年全国 1% 人口抽样调查的抽样数据，推算出 2005 年全国留守儿童规模达到 7326 万人。其中，农村留守儿童占全部留守儿童 80%，其规模达到 5861 万人①。大量农村留守儿童的存在，背后折射出的是农民工无法在城市抚养小孩，间接体现了农民工的打工劳动并没有包含维持劳动力再生产的价格。三是农民工被视为城市的建设者，未被当作城市的永久居民。自改革开放以来，有关农民工的制度设计和政策安排，更多考虑的是农民工的劳动权益问题，很少涉及农民工的市民权益问题，也没有预留农民工退出劳动力市场后在城市继续居住和生活的制度空间。

因此，农民工的生产单位属性，决定了其实际上不可能实现从生产单位向市民单位的跨越，也无法实现从生产单位向市民单位的身份转换，并且决定了农民工尤其是退出型农民工无法享受跟城市居民同等的市民权益，其中就包括退休养老保障。

二、权益保障之实：从劳动权到市民权

要解决退出型农民工的权益保障问题，关键在于推动农民工的劳动权交换市民权，通过劳动积分换取城市户籍身份。实际上，积分入户制度本质上是"择优拔尖"的精英政策。有研究表明，广州 2014 年积分入户的申请者呈现出年轻化、高学历和高职业素质的基本形态，并且跟申请者的文化程度和职业技能密切相关（张华初、苏宁波，2016）②。

---

① 段成荣，杨舸. 我国农村留守儿童状况研究［J］. 人口研究，2008，32（3）：129.

② 张华初，苏宁波. 广州市积分入户政策：问题与改进［J］. 华南师范大学学报（社会科学版），2016（2）：8.

在无法通过制度化途径获得市民身份的基础上，就可成为农民工，尤其是退出型农民工基于劳动权寻求利益补偿，解决退休养老问题的合理性行动。

从劳动权的属性来看，权益回溯具有以下合理性：一是劳动权益理论上包括劳动力生产和再生产的价格。马克思主义认为，工资是劳动力价值的价格体现，这一价格应该体现历史、社会和文化的因素。总体来看："劳动力的价值，由生产、发展、维持和延续劳动力所必需的生活资料的价值来决定。""劳动力的价值由两种要素所构成：一种是生理的要素，一种是历史的或社会的要素。"后一种要素是"每个国家的传统生活水平。这种生活水平不仅包括满足生理上的需要，还包括满足由人们赖以生息教养的那些社会条件所产生的一定需要"① （马克思，1972/1898）。二是劳动权益是农民工问题的核心和关键，也最能引起政府关注的合理诉求。从治理的实际情况来看，基于劳动权益进行的利益表达，而非基于市民权诉求进行利益表达，更能够获得政府的理解和支持。一定程度上，劳动权是农民工的生存性权益表达，而市民权容易转变为政治诉求，并且劳动权益更多涉及的是经济利益，也是个体的合法权益。

因此，对于退出型农民工来说，他们基于劳动权进行权益回溯尤其合理，在 G 厂的调查过程中，就有被访者反映"按照现有的政策来解决以前的问题，用现有劳动政策设定的标准来补缴我们的五险一金"；"按照最新的劳动政策和法律法规来补缴我们的社会保险，按照全薪而

---

① 马克思．工资、价格和利润．马克思恩格斯选集（第二卷）［M］．北京：人民出版社，1972：692.

非底薪补购社会保险"。问题在于，这种基于劳动权益的合理性诉求，本质上是要求享有与城市居民同等的市民权益，并且这种权益诉求是在不具备市民身份基础上的利益表达。

第二节　政府纠错，如何理解"错"

权益回溯的内在机理，决定了政府纠错必然陷入内在困境，这种因权益回溯而引发的政府"纠错困境"，决定了政府治理的两难困境。当前，发展型政府向保护型政府转变，政府越来越重视社会建设和社会保护，再加上政策顶层设计的线性进化演变、不断强化民生为本和人民中心论的舆论宣传和社会心态形塑，使得政府必然面临民众，尤其是弱势群体和边缘群体的政府求助，并且这种政府求助会随着市场经济的进一步发展和社会分化的不断加剧而不断涌现。也就是说，个体遭遇如何要求政府进行回应，如何处理市场发展的不可逆性和政府干预的恒久性，这是理解政府纠错的前提所在。

一、增量发展破解存量短缺的现实困境

劳动权益是农民工的根本利益，而工资权益是农民工劳动权益的核心和关键。李超海（2018）的研究指出，农民工的工资结构及其决定具有二重性特征，一般情况下，农民工工资包括基本工资和加班工资，其中基本工资是企业基于制度设置而选择的结果，加班工资更多的是市场交换决定的结果。就现实情况来看，政策干预更多只是保护农民工在

生产过程中的基础权益，确保农民工的底线权益不受到侵害；为尽可能增加个人的劳动回报和获得尽可能高的工资水平，农民工通常采用延长劳动时间和主动参与加班，通过更多劳动投入来提升工资回报。因此，经济发展有助于提升农民工的工资水平，但是这种提升不是自然形成的，而是需要农民工增加劳动付出的，并且不同劳动能力的农民工，获益程度也不一样。经济发展形势越好，地区经济发展水平越高，农民工获得的加班机会越多，加班工资自然就越多，工资总量水平也就随之增加。因此，市场经济发展和地区发展水平的提升，只是给农民工带来了更多的工作机会而已，而非带来直接的收益，农民工需要通过自己的劳动能力和劳动时间才能将这种工作机会转化为自己的工资收益①。可见，农民工的工资权益的解决，更多是通过加班工资来提升，是通过投入更多劳动时间的结果，本质上是通过增量投入来解决存量工资较低的结构性局限。

对农民工劳动权益来说，也是如此。在改革开放初期，中国位于全球化生产体系的中低端，在全球价值链体系中处于弱势地位，国家在全球生产和价值秩序中的结构性弱势，客观上不利于劳动者的利益再分配地位②。随着中国经济发展水平不断提高和可支配的资源越来越多，利益分配也越来越重视劳动者，农民工也不例外。跟农民工劳动权益密切相关的最低工资标准，自 2004 年以来呈现逐年增长的态势，对保护农民工的基本工资权益发挥了重要作用。其中最为明显的就是最低工资标

---

① 李超海 . 农民工工资增长与结构：基于企业农民工的量化研究 ［M］. 长春：吉林大学出版社，2019：256.

② 李超海 . 技术赋权如何消解了新业态中新生代劳动者的集体性行动 ［J］. 学术论坛，2019，42（5）：9-17.

准的逐年提升。以广东省为例，自 2004 年以来，广东最低工资标准的平均值由 2004 年的 246 元，增长到 2018 年的 1796 元，增长了 7.3 倍。可见，通过增量发展来化解存量矛盾，通过增量收益来解决存量需求，是解决农民工劳动权益的最重要手段，也是破解农民工低工资水平困境的现实选择。

将解决问题的方式寄希望于增量资源，期望通过发展的思路来解决现实问题，本质上还是将农民工权益问题置于发展主义框架来定位和应对。问题在于党的十八大以来，服务型政府的政策宣传，唤醒了农民工的身份意识和政治认同，从而使得权益回溯被唤醒，进而演变成为政府治理的两难处境。

二、缺乏中介调节机制的治理困境

长期以来，农民工以个体或家庭等方式流入城市，成为城市生产力大军中的一员。在工厂或企业，农民工通过组织化规训和整体性使用纳入现代化生产线，成为中国工业生产和工业制造的建设者队伍中的一员。在这个过程中，农民工因城市发展需要和企业生产需要而被使用，农民工因中国经济周期性发展和全球化生产体系的周期性变化而流动。因此，农民工主体缺乏支配自己的能力，多数情况下只能被动接受政策干预和经济周期性变化的影响。

农民工生产体制和农民工主体支配能力较弱，进一步形塑了农民工的高流动性。因此，农民工的需求和选择取决于城市和企业的发展需求，城市的经济结构和产业体系决定了劳动力的需求结构和规模，企业的生产情况和发展趋势决定了用工需求和用工类型，在这个过程中农民工虽有择业自由和择业自主权，但本质上属于被雇用和被选择。即便是农民工可以"用脚投票"选择离开，但主动选择离开并没有改变他们在劳动力市场的格局，也没有改变他们在劳动力市场的角色。因此，农民工跟企业、工厂是缺乏有机联系的，他们没有被整合进入城市内部成为城市的有机单元，这就决定了农民工无法借助中间组织，如企业组织、城市街道社区等，进行利益沟通和协调。

当农民工跟企业、工厂出现了利益冲突和矛盾对立时，当自身合法权益受到侵害时，劳动者尤其是农民工基于自身处境，往往倾向于通过先天性网络连接、技术唤醒、社会组织干预等方式，采用非正式的集体行动进行维权。有数据表明广东省仅从 2001 年到 2004 年，政府有记载的群体性突发事件就从 2358 起增加到 4008 起①。农民工非制度化的利益表达，不仅不利于劳动力市场的法治化水平，也对社会治理、社会稳定形成了挑战，无助于良性的现代化治理体系的形成，但根本上在于中间机制的缺失和中介单位的不存在。即当农民工出现利益受损进行利益表达时，企业或工厂无法承担单位制的连接性、协调性、庇护性、应责性和代表性②职能，也发挥不了居中协调和代表回应的作用，这种中间机制的缺失往往推动农民工采用非制度化的利益表达，并将利益抗争的对象指向政府，包括退出型农民工群体的退休养老诉求，最终也都是直面政府，从而使得政府面临着纠错两难的处境。

---

① 蔡禾，李超海，冯建华. 利益受损农民工的利益抗争行为研究——基于珠三角企业的调查 [J]. 社会学研究, 2009, 24 (1)：139-161+245.
② 张静. 中国基层社会治理难题 [J]. 领导决策信息, 2018 (6)：28-29.

三、政策设计与运行临界点的选择困境

中国30年的经济改革和社会转型的突出表现之一是经济所有制的变化，实现了国营、集体所有制过渡到企业（及私有）产权的兴起和多种所有制（多种经济成分、多种产权）的并存，以及由此产生的就业体制的多样化（多种劳动体制并存）。在改革开放和市场转型过程中，劳资关系日趋多样化和多元化，首先是资方（雇主）的多元化，呈现出多类型和多类别的特点，比如，原"国家企业"分化为承包代理人、经营者，原"国家企业"改制、转化为股份所有者、私营者；又如原行政、事业单位则逐渐演变为单位、部门、地方所有制，在一些大型国企和政府部门则仍然延续着传统的国有方式；又比如，在国有部门的变化之外，涌现出新兴的国内民营企业和个体工商机构，以及外资（包括港台资）企业，地方村镇集体企业、家庭作坊、未注册小企业和自雇就业等。其次是劳动者（受雇者）的多元化，呈现出不同的形式类型，比如，工人"铁饭碗"身份日趋减少，更多地代之以合同制身份，外来工（包括农民工和外地城镇流入的员工）成了企业乃至其他各用人单位的主力军。这些变化使得现代中国的劳动关系异常复杂，矛盾更加多样化①（刘林平、万向东、王翔，2005）。

正因为农民工劳动力市场的复杂性和多样性，政府劳动政策介入也面临着很大的适应性困境，其中最大的困境就在于统一的国家干预与满足多样化劳动关系的需求之间的矛盾。从政策干预的横向内容来看，劳

---

① 刘林平，万向东，王翔. 二元性、半合法性、松散性和农民工问题 [J]. 中山大学学报（社会科学版），2005（2）：63-64+125.

动政策监管需要跟经济发展、政治制度和社会背景相适应、相兼容，既要维护政治权威和社会稳定，又要激发活力和促进发展，要充分发挥企业的社会责任、政府的公共责任，避免市场失灵和政府缺位，还要最大限度地保护农民工的合法合理权益。从"维权"与"维稳"的均衡关系来看，要实现经济发展、就业与劳动权益保护的均衡，做到激活效率和实现公平的平衡，同时妥善处理农民工抗争、集体性行动所导致的社会风险和社会成本，尤其是应对因企业劳动关系问题导致的政府动用公共财政"买单"的责任分配。

此外，最主要也是最关键的问题是，纵向监管的线性发展如何确定介入的临界点。比如，针对劳动关系监管体制的完善，在保障了当前及以后进入者的合法权益时，如何确保早期不完善阶段农民工的权益修复。比如，社会保障制度的完善和优化，在提高了当前及今后进入者的社会保障标准的同时，如何面对早期不完善阶段农民工的权益回溯问题。诸如此类的问题，共同构成了农民工政策设计和运行的现实难题，也是退出型农民工进行权益回溯的政策依据之所在。

四、群体结构复杂性和诉求多样性的混合困境

农民工群体的产生有其特殊性，是中国经济内外循环发展过程中的产物，为中国成为"世界工厂"做出了不可磨灭的贡献。当前，世界面临百年未有之大变局，"加快构建以国内大循环为主体、国内国际双循环相互促进的新发展格局"[①] 成为当前和今后的重大战略任务。这就

---

① 习近平. 把握新发展阶段，贯彻新发展理念，构建新发展格局 [J]. 当代党员，2021（10）：3-9.

要求将农民工问题放在双循环格局下来思考和应对，从而使得解决问题的要求更高，面临的任务更重。

从农民工角度来看，共享社会发展的成果、分享企业生产的价值已经成为青年农民工的劳动价值和劳动理念。对他们来说，工作的稳定性、劳动汇报的持续性可能不是外出打工的主要考量，寻求被尊重、有自由、享受城市生活方式等已经成为他们的最重要考量。越来越多的新生代农民工或者新时代青年劳动者，更加重视自我实现，更加追求自我感觉。这种劳动价值观的转变，使得新生代农民工或新时代青年劳动者已经不将物质性报酬作为优先的回报，当然这不是说新生代农民工不看重物质回报，而是说他们开始将非物质性追求置于物质回报之上，可能需要同步满足他们的物质性利益诉求和非物质性利益诉求。对中老年农民工群体来说，家庭养育、职业稳定、社会保障等现实性诉求更为强烈，但是他们应对技术冲击、市场冲击的能力有限，如何在充满不确定性的市场、生产变局中找到个体的确定性，就成为中老年农民工群体的核心诉求。

长期以来，中国的制度改革或调整坚持"老人老办法，新人新办法"的原则（吕红平、吕子晔，2018）①，这在养老保险②、医疗保险③、退休制度等方面尤其明显。农民工群体结构的复杂性和诉求的多样性，使得"老人老办法、新人新办法"这一政策适用的基本原则难

---

① 吕红平，吕子晔."老人老办法，新人新办法"奖励扶助制度改革之我见 [J]. 河北大学学报（哲学社会科学版），2018，43（1）：126-133.

② 白重恩，吴斌珍，金烨. 中国养老保险缴费对消费和储蓄的影响 [J]. 中国社会科学，2012（8）：48-71+204.

③ 朱玲. 中国社会保障体系的公平性与可持续性研究 [J]. 中国人口科学，2010（5）：2-12+111.

以有效推进。首先，农民工群体规模庞大，国家统计局发布的《2020年农民工监测调查报告》显示，2020年全国农民工总量 28560 万人，2021年第七次全国人口普查结果公布，全国人口共 1411778724 人，通过这两个数据粗略计算可以发现，农民工总量占全国人口总量的20.23%。其次，群体内部差异太大，东部地区、西部地区和中部地区农民工群体差异大；进城农民工和就地转移农民工差异大；不同行业不同企业类型农民工差异大；不同性别、年龄、教育程度、职业、技能等农民工差异大……如果将上述因素进行多重交互，异质性更是千差万别。规模大，内部异质性强且多元，放大了政策适用的困境，提高了问题解决的难度。

第三节　政府纠错，如何进行"纠"

经过改革开放以来经济的高速增长，国家的综合实力和国际影响力的不断提高，再加上长期形成的正面宣传和舆论引导，相当数量的民众对国家充满信任和期待，认为国家无所不能，认为政府能够全方位回应民众诉求。退出型农民工就是典型代表，他们在个人劳动能力周期的上升阶段分享了国家经济发展的成果，在个人劳动能力周期衰退时却期望政府周全保底，这种无法有效区分个体市场身份和国家公民身份的非理性诉求，也即本文所讨论的权益回溯引发政府治理的"纠错困境"。未来，我们需要推动国家公民身份、市场劳动身份和社区成员身份的重建工作，需要具体做好以下三方面。

一、制度修复，完善政策设计

要积极推动绩效型国家主义向法制型国家主义的转型，不断完善顶层的制度设计。绩效型国家主义，重视发展的绩效，看重增量逻辑，以发展形塑社会秩序，以线性进化方式改造社会秩序和整合社会群体。个体的价值体现在要素化水平和市场能力上，即个人能否完成量化的考核标准，个人能否将能力转化为市场交换的一般商品。因此，在发展逻辑的主导下，国家为个体的竞争和发展提供了充足的平台和空间，而对竞争之后的事情却准备不足，很多因病致贫、退休返贫、老人自杀等社会问题的出现与此密切相关。其中，市场化转型的过度发展，使得社会保护及支持体系和机制的缺失，一定程度导致了农民自杀现象的出现。汪永涛（2012）通过区域比较研究，指出农民自杀会受到价值观的影响，而现代化因素则扮演了重要角色①。在社会转型期，农民的分化和多元化，尤其是各种关系与价值调整所带来的种种不平衡和不适应，成为导致农民自杀的主要原因②（贺雪峰、郭俊霞，2012）。

法制型国家主义，从发展绩效转向合法性的建构，但此种秩序的建构并非以西方民主的方式进行，而是以中国特色的法制取代西方的民主，强调以社会规矩来整合社会。社会秩序的建立与人际关系的调节，不是基于西方的民主理念和民主原则，而是依靠中国特色的法制模式，如群众推荐、人大代表提案、专家委员会治理等，通过吸纳各种社会力

---

① 汪永涛. 反抗与解脱——赣鄂两地农民自杀比较研究［J］. 华中科技大学学报（社会科学版），2012，26（4）：117-124.
② 贺雪峰，郭俊霞. 试论农村自杀的类型与逻辑［J］. 华中科技大学学报（社会科学版），2012，26（4）：108-116.

量形成多元化的协商共治体系，并遵循中国特色的社会规矩，而非一般意义上或公民社会的社会规范，来整合社会秩序、处理社会矛盾、寻求社会共识。因此，在法制型国家主义逻辑下，国家主导建立了一整套的协商共治体系，涵盖经济、政治、文化、社会等方方面面，从而有效地避免了民众出现"人生最后一公里困境"。

二、市场建设，发展社会企业

社会经济①，本质上不以服务资本积累为目标，而是经济发展嵌入社会关系和社区网络。因此，社会经济的实践是多元化的、开放性的、非垄断的，真正回归社区和人的发展需求的（钟秀梅、古学斌、张和清等，2012）。此外，社会经济是面向经济竞争中的弱势群体，以自雇就业者、农民工、微小企业主为主，但由于缺乏公平、合理的机会，或者社会运行机制的问题，导致他们在市场经济中暂时处于弱势或不利地位。未来，需要大力推动发展以合作社（生产者合作社、消费者合作社）、社会企业、公平贸易、社区内生性经济、集体所有制经济等为代表的社会经济实践，将人的市场性需求和社会性需求落脚在社区内部，进行统一解决。

通常来说，实现退出型农民工群体在社区就业、在社会企业就业，通常只能在城市中实现。近年来，在推进精准扶贫和乡村振兴过程中，一种以扶贫为目的，设在乡村的加工车间，也即"扶贫车间"或者"社区工厂""卫星工厂"开始在很多地区出现。它以带动脱贫为宗旨，解决

---

① 钟秀梅，古学斌，张和清，等.社会经济在中国（下）[J].开放时代，2012（2）：10.

农户尤其是贫困户的就近就业问题①。2020年6月8日，习近平总书记在甘肃吴忠市考察时指出："兴办扶贫车间目的是扶贫，要坚持扶贫性质，向困难群众倾斜，多招收困难群众就业。""企业参与兴办扶贫车间，体现了先富带后富。"② 作为产业扶贫的工厂组织或生产企业，扶贫车间主要包括两大模式：第一种模式是生产加工模式，主要在生产种植端发力，比如，通过引导企业、乡贤和创业能手在圩镇、易地扶贫搬迁安置点、新农村建设点集中建立简易工业园③，帮助贫困群体就近就地就业；引导企业在贫困村或移民安置点设立"扶贫车间"④，实现贫困户在家门口就业；通过在农家庭院、民居小院等设置简易居家加工式就业扶贫车间⑤，让贫困劳动力居家就业。第二种模式是流通销售模式，主要在销售和终端发力，帮助对接消费者，推广和销售农产品、生产加工品等，如依托电商、政府或行业性的APP，建立线上线下相结合、实体和虚拟相补充的"互联网+"式的"扶贫车间"⑥。未来，可以继续优化和改进扶贫车间，实现退出型农民工在家门口的二次就业，既可以发挥他们的工作经验，也可以在家门口解决他们的工作收入及养

---

① 甘肃推"扶贫车间"助贫困劳动力就近就业［EB/OL］. 新华社，2018-08-02.

② 习近平在宁夏考察时强调　决胜全面建成小康社会决战脱贫攻坚　继续建设经济繁荣民族团结环境优美人民富裕的美丽新宁夏［N］. 人民日报，2020-06-11.

③ 江建. 定南县：就业扶贫车间，让贫困人口实现家门口就业［J］. 老区建设，2017（13）：55-56.

④ 胡春生，于龙广，徐云. 就业岗位送上门　扶贫就在家门口——新余"扶贫车间"开启就业扶贫新模式［J］. 老区建设，2017（15）：18-20.

⑤ 雅安市开辟"就业扶贫车间"新路子［J］. 四川劳动保障，2018（8）：26.

⑥ 甘肃推"扶贫车间"助贫困劳动力就近就业［EB/OL］. 新华社，2018-08-02.

老问题，一举多得。

三、治理协同，发展全员股权

要积极推动集体赋权向全员股权制度转变。劳动权的不可逆性决定了劳动者权益诉求的刚性上升，也契合了整体的线性进化发展逻辑，因而受到劳动者的欢迎和认可。政府主导的集体赋权推动了农民工的劳动权益从生存型向发展型的转变，从而建立了较高标准、规范性较强的权益保护政策。但问题在于，逐渐赋权的权益保护政策既无法解决大规模的权益回溯问题，也无法启动权益回溯的纠错程序，这种国家直面民众的矛盾化解机制和维稳模式亟须得到纠正。在经济新常态下，亟须推动国家与个体之间权责关系的转变，建立企业与个体之间平等的市场交易关系，从而促进政府作为社会规矩的制定者和矛盾化解的裁判员身份的出现。这就需要探索建立以企业为协商平台的全员股权制度，形成全员股权式的市场化利益交换关系。通过全员股权制度，一则可以缓解政府直面民众权益诉求的压力和避免"纠错困境"的出现；二则可以将国家与公民的垂直权责关系转换成为劳动者与企业资方之间平等的利益交换关系，通过市场化手段予以化解。

第六章

结论与建议

　　劳动力市场环境建设既包括工作兴趣、意见表达、合作尊重等文化价值软环境建设，也包括工资收入、劳动时间、职业晋升等权益硬环境优化，一个宽松且充满活力的劳动力市场环境既能够确保劳动者获得较好的收入回报、较安全的劳动环境、较合理的工作时间和较稳定的职业晋升机会，又能够保障劳动者的尊严、工作的有趣和在工作中表达意见诉求，同时有助于推进中国特色社会主义现代化治理体系的形成和治理能力的优化。通常来说，宽松且充满活力的劳动力市场环境有利于激发劳动者的生产积极性和工作主动性，能够稳定劳动力队伍和积淀人力资本、生产技能优势，及时将劳动力优势转化为经济发展的坚实基础。

　　积极回应解决退出型农民工群体的权益回溯，科学处置退出型农民工群体的退休养老保障问题，有助于推动劳动力市场的环境建设水平和质量，也有助于提升农民工群体的获得感和幸福感，并且为今后中国农民工劳动政策的优化和改进提供经验和借鉴。

第一节　基本结论

农民工群体的内部差异，决定了不同类型的农民工群体的生存理性和权益诉求存在明显区别。随着农民工个体的劳动周期和生命周期的发展转变，上一代农民工面临退出劳动力市场的困境，对他们来说，维持退出劳动力市场后的生存和养老就成为最迫切的利益诉求。长期以来，农民工生产体制导致农民工的双重脱嵌，使得他们结束打工生涯后需要返回户籍所在地养老。社会保障政策的缺失和养老资源的短缺，使得退出型农民工需要寻求解决办法。党的十八大以来，"责任政府"和"为民政府"的舆论宣传深入人心，民众对党和国家的信任感不断增强，民众对党和国家的关怀和期盼也不断提高，出现了将个体遭遇和诉求委托给党和政府并期待党和政府进行有效回应的现象。基于劳动权的权益回溯，在中间地带和中间单位缺失的背景下，直接指向政府，从而使得政府在道义承诺和行政履行上面临着双重压力，陷入了"纠错困境"。这种"纠错困境"，是政府政策设计运行的线性进化逻辑和农民工权益回溯需求之间的冲突，也是农民工基于劳动权进行的合理权益表达给当前发展主义框架和逻辑造成的非预期后果。未来，要缓和和破解"纠错困境"，需要强化制度修复、激活市场保护和推进协同治理，实现农民工生产体制在新时代的终结。

一、农民工的生命周期与劳动周期的倒"U"型，决定了能力衰退不可避免

农民工生产体制或农民工政策设置，更多思考的是在劳动过程、劳动关系中如何保护好、实现好农民工的合法权益。因此，国家出台的各类政策制度，如农民工工资支付保障条例、新劳动合同法等，主要是直面现实问题，但对农民工退出劳动力后的保障政策和机制尚未得到很好的解决。伴随着改革开放40多年发展的20世纪五六十年代的劳动力陆续退出劳动力市场，对于逐渐丧失劳动能力的大多数农民工而言，新的考验正在出现。

在本课题研究中，很多退出型农民工就是其中的典型代表。对他们来说，年龄增大意味着将无法被工厂或企业雇用，除了部分有退休金的农民工外，对大多数人来说，没有工作意味着他们没有收入或收入减少，倘若家庭经济条件不好、家庭不和谐，将会面临较为严重的养老困境，同时很多人不得不返回农村居住生活，这又面临着生活的适应性问题。可见，随着生命周期、劳动周期向着倒"U"型的第三阶段的演变，绝大多数退出型农民工将面临能力衰退、不被雇用的处境，若缺乏政策支持、社会支持、家庭支持，他们的生存压力和困难将会始终存在。

二、技术周期性升级，客观上恶化了退出型农民工的生存环境

当前，数字经济、互联网平台、生产自动化、机器换人等构成了中国工业生产的主题词。生产自动化和机器换人的普遍推进，不仅重构了

生产生态，而且重构了用工生态，越来越多的工作岗位在智能制造、机器换人过程中逐渐消失，越来越多的工厂企业竞相采用自动化设备替代人工生产，从而使得很多传统的工作岗位消失，传统生产生态下成长起来的劳动力面临着"失业"的冲击。

技术升级是一把双刃剑，在提升生产效率、稳定生产质量、降低生产成本和风险的同时，客观上会对劳动力进行筛选。在实地调查过程中，G企业分管生产的副总就表示："自动化生产对员工的要求提高了，很多低端岗位没有了，自动化维护岗位却增加了。新的工作岗位要求员工懂英文和懂技术。因此，只有那些纳入企业继续使用的劳动力，经过内部培训，才能适应自动化生产，才能成为自动化生产过程中的技能型劳动力。"可见，自动化生产是优中选优、优中培优，只有那些高素质、高技能的劳动力才能够留下来，这对年龄较大、技能较弱、学习能力较差的退出型农民工来说，就是间接的挤压和替代，进一步减少了老龄弱势低技能劳动力的工作机会和职业空间。

三、政策的线性提升，决定了农民工的主观期待和政策供给之间的矛盾始终存在

个体生命和劳动周期的不可逆，技术周期性革新的挤压和替代，企业追求成本控制和效率提升，决定了农民工在规律、技术和市场的弱势地位，也决定了农民工进行抗争和利益表达的失败。在政策、市场、技术、劳动周期等多重因素中，只有政策支持始终是正向渐进发展的，对农民工的保护是逐渐提升的，对农民工群体是最友好的。

农民工的流动权、就业权、保障权、子女受教育权、居住权、政治

权等无一不是通过政策线性改进，逐步被赋予和授权。党的十八大以来，以人民为中心的执政理念深入人心，民生政策的普惠性和可及性日益提升，老百姓对政府尤其是对中央政府的信任和支持达到了新高度。无论是基于历史发展，还是基于现实选择，农民工对党和政府都充满了极高的期待，对政府、政策的依赖也进入了新高度。然而，政策供给始终面临着资源约束，农民工的政策赋权也只能遵循问题的轻重缓急来逐步、渐进解决，绝不能一蹴而就。农民工，尤其是退出型农民工的主观期待跟政策的有效供给之间，必然存在差距。

四、权益回溯的提出，跟农民工依附于劳动、未能被等同城市居民接入城市社会保障体系的双重脱嵌有关

农民工作为城市的打工者，他们主要依附于劳动而生存，通过交换劳动，获得相应的劳动回报。因此，是否具有劳动能力就成为农民工在城市打工的前提条件。由于农民工的生存和发展依附于劳动，这就会导致两方面后果：一是劳动不稳定，受制于个体劳动周期和生命周期的周期性变化。通常来看，劳动者的劳动呈现出倒 U 型结构，随着年龄增长，劳动参与能力不断增强，但到一定阶段后开始走下坡路，直到生命的结束。二是劳动有风险，劳动回报充满不确定性。劳动回报并非简单地等同于投入和产出的关系，还跟社会制度、政府角色、经济发展水平等因素密切相关。通常来看，一个地方的市场化程度越高，保护型政府建设越好，劳动力市场就越完善，个体的劳动回报就越高；企业的管理越规范，农民工的劳动回报越有预期；劳动政策设计越合理，政府治理越有效，农民工的劳动回报越稳定。问题在于，制度可改进，市场可完

善，企业可升级，而农民工的劳动能力呈周期性演变，到一定年龄段会因劳动能力衰退而被解雇，这就导致了依附于劳动而生存的农民工，始终需要解决不能劳动后的生存问题。

正因为农民工依附于劳动，使得劳动权益成为农民工关注的焦点，在这个过程中，农民工也不具有制度认可的市民权。这就导致农民工的身份界定缺乏合理的制度接入，主要体现在两个层面：一是农民工受制于户籍制度的刚性约束，户籍制度作为界定农民工身份最核心和最具决定性的政策，使得农民工始终无法获得城市的市民权；二是市民权的缺失，使得农民工脱嵌于城市社会保障制度，从而难以获得跟城市居民同等的社会保障待遇，农民工的退休养老权益只能在户籍所在地实现。但问题在于，农民工社会保障体系虽然在不断建立健全，但同城市社会保障体系不可相提并论，这就使得退出劳动力市场的农民工缺乏足够的资源来满足自身的养老需求。

因此，依附于劳动的农民工面临着丧失劳动能力而被工厂企业解雇的困境，在户籍制度的约束下只能返回户籍所在地退休养老，而打工过程中养老保险的缴纳水平和标准跟城市居民存在较大差别，使得退出劳动力市场的农民工面临着养老危机。

五、权益回溯引发政府"纠错困境"的关键在于线性进化正常逻辑面对反溯时的高成本和不可控风险

某种程度上，农民工的权益诉求不再局限于向前看，而是呈现出显著的"回溯"特征，即基于当前规范化的较高标准的劳动政策和制度法规，对早期低标准的"权益受损"进行历史回溯，期望政府介入和支持农民工对企业提出的权益回溯支付诉求。但问题在于，一方面，一旦政府认可农民工的权益回溯诉求是合理的，那么政府需要采取措施支持农民工维权，一旦解决了农民工的劳动权益回溯支付诉求，可能会引发普遍的群仿效应和全国性的连锁反应，从而导致以解决历史遗留问题为诉求的各类群体事件呈现上升趋势，很可能带来更加严峻的客观后果和不可控的社会风险。另一方面，如果认定农民工的劳动权益回溯支付诉求不合理，那么政府就需要从法理上和行政仲裁上表明农民工的权益诉求为何不能适用现有规范化的、具有较高标准的劳动政策和制度法规，从而导致基于线性发展的"增量维稳"的可持续性困境。

六、实现政府纠错的关键在于修复制度，逐步摆脱农民工生产体制的路径依赖

农民工生产体制的调整和变更，要充分考虑历史、法律和现实三方面的复杂形势，避免"纠错困境"，避免激化社会矛盾，避免新发展引发旧矛盾，政府需要对新的制度思维和制度框架予以调整，即要推进制度修复。

当前农民工生产体制面临的最大问题就在于农民工群体缺乏可持续的发展空间，也没有普遍性的针对劳动权交换市民权的政策设计。在户籍制度的刚性约束下，农民工外出打工，到法定年龄退出劳动力市场，要么转入非正式就业体系，要么返回乡下居住。即便是转入非正式就业体系的农民工，如果不能获得城市户籍制度，最后仍然需要返回户籍地养老。因此，对面临退出劳动力市场的农民工群体而言，要破解他们退出劳动力市场后的生存困境，就需要针对性地进行制度修复。针对成长

型、稳定型农民工的期望性制度修复，基于对未来政策的理解进行设计，为他们提供良好的预期空间。针对退出型农民工的现实性制度修复，基于现实利益的获得来进行设计，强化当下的制度供给。

第二节 进一步的讨论

当前，随着移动互联网技术和工业物联网的快速发展和迭代，再加上人口代际更替的变换，使得劳动力市场和劳动者群体都呈现出诸多新变化。比如，以 90 后、00 后为代表的新劳动力群体，其生活和工作日渐依赖和融入新技术和新业态；机器换人的逐步推进，会造成劳动力市场和劳动者的挤压替代和升级改造效应。诸如此类的新变化，也会对国家和政府的农民工治理政策和实践提出新的挑战。

一、劳动权益的关系逻辑理解

早期有关劳工研究主要聚焦在社会转型对劳动过程和阶级形成的影响和作用，即孙立平（2002）提出的"转型社会学必须关注底层的日常生活及实践"①，社会转型作为劳工研究的前置变量和分析框架，推动了将工人阶级带回社会学研究的中心②（沈原，2006）和将阶级分析

---

① 孙立平.实践社会学与市场转型过程分析 [J].中国社会科学，2002（5）：83-96.
② 沈原.社会转型与工人阶级的再形成 [J].社会学研究，2006（2）：13-36+243.

带回劳工研究的中心①（佟新、戴建中、王春来，2007），也形成了在转型背景下探讨农民工的阶层地位、群体行动、制度身份、工厂遭遇、利益抗争、网络连带、社会交往、消费情感等研究热点。这表明，早期研究不约而同地认定政府主导和驱动的社会转型是唯一且确定的，农民工的各种遭遇和经历都需要置于政府主导和驱使下的社会转型中进行研究，带有较为明显的结构主义研究立场和逻辑视角。因此，对于农民工的劳动权益，相关研究普遍认为农民工的劳动权益的改进跟政府赋权、政策线性优化密切相关，即便是针对劳动权益的利益抗争和集体性行动，多半也都是在现有框架内的利益表达和维权。但是，缺乏从关系视角来看待农民工的社会流动和劳动权益。其实，农民工的流动不仅仅是社会劳动力资源的配置过程，同时也是一种社会关系的流动过程，它包含了地域流动、职业流动和阶层流动，而关系流动的重要性随着移动互联网的发展变得愈加重要。这表明，建立基于农民工的关系流动来透视社会转型的逻辑是可行的。当前，农民工完全不同于计划经济时代的工人阶级，也不同于西方发达资本主义国家的工人阶级，也区别于马克思主义经典理论中论述的工人阶级，尤其是随着中国社会转型的深入、新技术发展和劳动力的代际更替，越来越多的农民工依附于移动互联网而生存，通过自由接入不同的平台型机构，成为新业态下的新型劳动者。

不同于传统农民工需要依附劳动、需要劳动合同的制度性庇护来保障自身的合法权益，新技术和新业态中的农民工，他们可能更多依靠移动互联网的技术赋权，能够自由地在传统工作和新技术平台工作之间自

---

① 佟新，戴建中，王春来. 将阶级分析带回到劳工研究的中心［M］//李培林. 中国社会学年鉴 2003—2006. 北京：社会科学文献出版社，2007：278.

由切换，从而大大提升了新生代农民工的市场生存能力和劳动博弈能力。因此，新技术和新业态的发展，为新生代农民工提供了新的社会流动通道和社会选择机会，赋予了新生代劳动者更多的职业选择权、流动权，也赋予了新生代劳动者更多的劳动决定权、自主权①（李超海，2019）。

在新技术和新业态背景下，劳动关系作为一种权利，调节的是企业资方和劳动者之间的关系，通常会高度嵌入市场环境和制度基础，并受到第三方的制约，但主要是政府的干预和治理。随着移动互联网技术的不断发展和进步，新技术—市场向纵深突破，会深刻影响企业、政府和劳动者三方关系的走向，使得企业、政府和劳动者的关系朝更加和谐、更加有效率和更加匹配的方向发展，最终建立起基于新技术主义主导的新型劳动关系格局，推动劳动关系中基于人与人的利益分配关系，转变成为人与技术之间的关系协同问题，也是关系逻辑将成为理解农民工劳动关系和劳动权益最重要的视角。

二、农民工理性反复的理解

相关研究表明，当代中国农民外出就业的行为也是一种社会理性选择的表现，他们在具体行动过程中一般遵循着这样一种逻辑顺序：生存理性选择→经济理性选择→社会理性选择②（文军，2001）。农民工的理性进化，是基于农民工的生命周期和劳动周期线性进化逻辑做出的判

---

① 李超海. 技术赋权如何消解了新业态中新生代劳动者的集体性行动 [J]. 学术论坛，2019，42（5）：9-17.

② 文军. 从生存理性到社会理性选择：当代中国农民外出就业动因的社会学分析 [J]. 社会学研究，2001（6）：19-30.

断，这符合当时中国市场经济和农民工群体发展的状况，具有较强的理论预见性。随着中国改革开放的推进和农民工群体的发展演化，农民工群体生存易与留下难这一现实困境始终未能破解，在户籍制度的刚性制约下，农民工的理性会因为劳动周期和生命周期的演变而发生变化，从而呈现出理性的反复性特征。

对农民工来说，劳动维持生存，高强度的劳动投入维持工资总量的增长。蔡禾、李超海（2015）的研究表明，农民工工资的增长更多取决于加班工资增长，并且农民工工资结构呈现出基本工资占比下降，加班工资占比上升的趋势，这意味着农民工只有付出更多的劳动时间才能维持工资总量的增长水平[①]。这也就是说，农民工的工资增长不是直接分享发展的收益，而是通过增加劳动力度和延长劳动时间为代价间接分享了发展的收益。这意味着，农民工的理性进化建立在他们劳动周期和生命周期上升的基础上，是因为他们处在劳动周期的上升区间，有精力有能力也有意愿加班，通过加班劳动可以不断增加劳动回报，提高收入水平。但问题在于，随着劳动周期和生命周期的双重衰退及叠加效应，农民工的劳动投入减少，其回报预期趋于消失，生存问题将会重新上升为最重要的需求，生存问题将会成为最核心的关切，寻求生存也就成为维持简单劳动力生产的退出型农民工最现实的考量。

可见，农民工的理性反复，不是线性进化的结果，而是综合农民工个体的劳动周期和生命周期演变得出的结果，也是基于农民工生产体制和户籍制度的双重刚性约束得出的结论，能够更好地反映市场转型以来

---

① 蔡禾，李超海. 农民工工资增长背后的不平等现象研究［J］. 武汉大学学报（哲学社会科学版），2015，68（3）：111-120.

农民工群体的现实遭遇。

三、宏观线性进化发展逻辑与微观个体反向参照的并存揭示了市场转型过程中个体与国家关系的复杂性

长期以来，个体命运与国家发展紧密捆绑的集体主义宣传话语，在夯实执政党合法性的同时，也暗示了个体命运与国家发展的休戚与共。进入市场转型以来，政府利用进化发展获得的增量资源化解了不少存量矛盾，同时也赢得了民心和民意。但问题在于，随着个体的觉醒和个人主义意识形态的复苏，宏观政策的线性进化逻辑不但未能有效整合微观个体，反倒激活了微观个体的反向权益回溯意识和导致劳动者逆向利用规则的行动路径，导致向前发展的高标准劳动政策成为退出型农民工反向维权的合法制度依据。进一步来看，政策的完善和国家的进步，并没有自然带动个体的理性进化，反倒形塑了微观个体的理性退化。退出型农民工一方面在心理认同上信任和依赖政府，另一方面出现生存困境时会回归生存理性，从而置政府于"纠错困境"的尴尬地位。

从国家中心主义来看，政府主导的线性发展逻辑致力于建设一个高度文明、平等的和谐社会，但是整体性的国家干预不是一蹴而就的，而是需要数代人的接力与合作，在这个过程中，不仅需要个体接受和认可国家主导的线性发展理念，而且需要个体具有甘于奉献的精神追求和行动上不计得失的积极态度，两者的同步与匹配缺一不可。但问题在于，个体的劳动能力周期呈现倒 U 型，而整体进化逻辑遵循线性发展，两者的不同步、不匹配是一种常态。因此，线性进化发展的劳动政策和非线性运行的劳动能力周期之间始终存在错位的空间，始终无法满足退出

型农民工的权益回溯诉求。

从个体理性角度来看，经济理性的回归或生存理性的回归，表明现代文明的教化缺乏较高标准的社会保障基础终将不可持续，缺乏可持续性社会保障的现代工业文明终究敌不过现实生存的经济理性考量，现实生存的压力和困境一定程度上会推动社会理性向生存理性的回归。

第三节　对策建议

当前，世界经济的周期性运转更加复杂，中国经济面临着的国内形势也更加不稳定。自党的十八大以来，尤其是党的十九届四中全会发布的《中共中央关于坚持和完善中国特色社会主义制度　推进国家治理体系和治理能力现代化若干重大问题的决定》，为今后中国的农民工治理和农民工劳动力市场完善提供了方向和指引。尤其是随着中国的改革开放越来越深入，中国的市场化程度越来越高，中国经济的运行越来越规范，对农民工群体的保护和保障也会变得越来越严密。未来，要针对不同类型的农民工群体的特点进行精准政策干预，充分发挥政策的有效回应和针对性供给，不断提升农民工群体的市场生存能力和平台型经济中的自我接入能力，有效强化劳动保护并提升农民工群体的获得感和幸福感。

一、注重发挥回应型民生政策运行的正面效果，大力推进供给型民生政策体系建设

（一）回应型民生重视民众诉求和分配合理，期望建立基于个体主义的普惠型民生体系

回应型民生，是指以公共治理为理念，以解决普遍性民生问题为责任，具有自觉、稳定、及时和可持续的回应性和回应机制，具备有效回应社会所需的回应力。其具体运行和理解包括两个层面：

一是从微观层面来看，回应民生基于民众短缺什么就供给什么、民众需求什么就供给什么的思路来分配民生资源和提供民生福利。比如，城市流动人口和进城务工农民工的子女在流入地参加高考的问题，政府出台"异地高考"予以应对。诸如此类"缺什么供什么"的做法，在满足民生需求的同时，又会陷入更高层次民生需求的困境。理论上来看，大多数社会成员的民生需求呈现出从简单到复杂、从低级到高级的发展特征：满足了物质性需求，可能会提出精神性需求；满足了生存权益的需求，可能会提出发展权益的需求。在这个过程中，一方面，民众对民生福利包含的项目及不同项目的标准都在不断提高，使得民生福利的范畴在不断扩大，民生福利的水平不断提升；另一方面，民生福利的供给始终滞后于民众的需求和诉求，造成民生福利政策年年调整，民生福利标准年年增加，但是标准的调高不一定能够满足民众的需求变化。

二是从宏观层面来看，回应型民生以实现全覆盖、全体社会成员均等化共享普惠型民生体系为目标，这又导致了基于同一标准的民生福利体系无法满足个性化的需求。建立普惠型民生既是政府对社会的回答和

民众诉求的答案，体现了政府执政为民的倾向性态度；也是政府满足社会舆论和民众呼吁而采取的措施，体现了政府为人民服务的宗旨态度。然而，当前社会分化和阶层差异显著，城乡差距和区域悬殊不断拉大，使得民众的民生福利需求在内容与层次上难以统一。因此，在任何一个行政区划单位内套用一套统一的标准提供民生福利资源，必然会导致收入水平较高的人群不满意福利标准，也导致低收入水平的人群目睹高收入人群共享同等待遇而心生不满。

因此，回应型民生虽然保障了底线民生，做到了规范分配，建立了城乡居民均等化共享民生福利的理念和体系，也保护了社会弱势群体的基本人权，却被动地回应民众对民生福利的诉求，随着民众消费的升级和变迁，不可避免地陷入了"民生福利困境"。对农民工群体来说，既要发挥强化回应型民生的保底功能，满足不同类型的基础性需求，又要强化回应型民生的精准对接功能，不断提升农民工属地政府的回应责任和提升回应能力，以制度化建设加强对退出型农民工群体的照顾和支持。

（二）供给型民生关注供给侧改革和服务创新，力求在社会公平的基础上实现个性化民生满足

在供给型民生体系中，着眼于提升民生福利的个性化供给和定制化服务，在强调整体公平的基础上，尊重城乡差距、阶层差异和需求层次，将民生福利资源进行差异化的针对性供给，从而不断提升民生福利资源的有效性和民众的认受度。因此，不同于回应型民生，供给型民生具有以下两大特征：

一方面，供给型民生不仅仅追求建立整体普惠民生体系，而且追求在社会公平基础上实现个性化满足。供给型民生从供给侧改革着手，创造性地进行分类管理，通过优化供给实现民生福利分配的精准化和高效化，这就决定了民生福利体系及管理主要是从供给端发力：一是要尊重市场和消费规律。市场化程度不同，消费水平不一样；区位特征不同，消费需求不一致。民生福利的供给要充分考虑区位、市场等宏观变量的影响，更大程度更好地发挥市场的配置作用，减少行政配置的信息不对称。二是要尊重个性化需求和维护个体尊严。供给型民生应将调查的结果而非登记的数据作为民生资源分配的依据，利用大数据和普遍调查相结合的统计技术，有效识别民众的经济能力、阶层地位和需求特点，从而提供适合民众需要和实际需求的民生产品，最大限度地保障民生福利资源分配及匹配民众的个性化需求。

另一方面，供给型民生高度重视供给侧改革和服务创新，做到发展和保护并重。民生不仅仅是"花钱"和"分钱"，民生的基本功能是保护和保障，但也存在民生的发展功能，民生要素就是民生的发展功能，离开发展"就民生谈民生"终究会陷入"福利主义陷阱"和"资源短缺困境"。民生的发展本质就是民生供给侧的改革和服务创新，通过激活民生的要素功能，遵循要素市场的分配规律，充分放大民生福利资源的社会效益和提升民生福利体系的服务能力，在相对意义上确保公平，进而避免绝对意义上的"福利陷阱"。

因此，供给型民生追求建立社会公平基础上的个性化民生满足，而非简单回应民众诉求的普惠型民生体系，通过供给侧改革和创新，充分激活民生的要素功能，做到发展和保护并重，以个性化满足消解整体性供给低效率导致的"福利主义陷阱"。对农民工群体来说，属地政府一定要强化公共责任，善于使用制度创新和市场改革，推动退休养老体系建设和产品供给，既发挥政府和市场的合力，也创新返乡农民工同辈群体养老新机制，做到从供给侧改革来满足退出型农民工在养老问题上的个性化诉求。

二、提升农民工生产能力和重建新的利益动态共享机制

新时代，要通过重建新的利益动态共享机制来提升和保障农民工的合法权益，要不断完善建立农民工共享社会发展成果的新机制，通过利益共享解决农民工退出劳动力市场的后顾之忧。

（一）完善"订单式"职业技能培训体系，改进积分入户制度，打造高素质农民工队伍

要推动农民工从"寄居"城市走向"安居"城市，需尽可能吸纳高素质和高技能农民工在工作地落脚，在城市立足。通过完善"订单式"职业技能培训体系，定向补贴特定人群和特定职业工种，根据产业类型、市场需求、政策支持等条件界定"订单式"职业技能培训资助的方式、标准和原则，推动职业技能培训内容与产业转型升级相衔接，鼓励农民工通过技能培训体系融入产业体系和城市生活，建立起技能整合农民工融入城市的新机制。

在全面推进基本公共就业服务均等化的基础上，重点推进就业创业扶持政策和服务的均等化。推动将失业农民工纳入失业人员就业技能培训范围，享受一次免费职业技能培训和就业推荐服务。深入实施技能提

升计划，采取"培训券"等多种方式，加强新生代农民工职业培训，进一步提高符合紧缺工种的补贴标准，吸引更多农民工提升职业技能。

改进积分入户制度，建立动态的职业技能计分机制。要改革当前一次性计算职业资格证书转换入户计分的做法，建立职业技能积累和入户计分累积的动态转换机制。鼓励农民工长期稳定专注技能培训和素质提升，建立职业技能动态积累的考计分核机制，及时将职业技能动态积分转变为入户后优先享有子女教育、创业、公租房等政策配套，从而留住和稳定农民工队伍。

（二）创建新的利益动态共享机制，实现农民工的"工具性回报"和"非工具性回报"，两手都要硬

"工具性回报"是农民工的基础权益，"非工具性回报"是农民工的发展需求。广东省作为中国改革开放的发源地，约束型的集体主义文化环境较弱，自由度较高的市场化劳动环境较强，从而造就了广东宽松的市场氛围和管理模式。劳动力市场宽松的文化环境不具备法律、政策的强约束力，并不能抑制住资本"逐利"的天性，所以农民工在工资收入、工作安全、劳动环境、工作时间及晋升机会等基础权益上的保障还有待提高。

因此，对广东来说，要强化劳动力市场的高质量建设，在夯实劳动力市场的软优势基础上，要强化政府对劳动力市场的监督。要更加重视农民工对工资、工时、工作环境等的利益诉求，加大对企业的监管力度，加强对劳动者的社会保护。建立与经济发展相适应的工资增长机制，不断完善工资集体协商机制，确保农民工从市场组织中获得合理的

劳动报酬。最大程度地减少欠薪事件的发生，以政府为主导建立各级欠薪保障金制度，确保工人工资按时发放。进一步加大企业工会和企业劳动争议调解委员会组建力度，推动在社区层面组建基层工会组织（工联会）和调解委员会全覆盖，有效地发挥维权作用，构建和谐的劳动关系。要重视生产过程中的劳动保护，改善影响农民工生产积极性的工作条件、健康环境和安全环境。在提升农民工的工资回报、劳动时间、工作环境、晋升机会等基础权益回报的基础上，实现农民工的"工具性回报"和"非工具性回报"，两手都要硬。

（三）要依法加强对劳动力市场的管理，提升农民工的工作获得感

要加强对劳动合同执行情况的监督，只有权益得到保障的工作才是农民工满意的工作；要加强对劳动时间的监督，使加班时间严格地保证在合法范围内，保证农民工有足够的闲暇时间、有健康和运动的时间、有自由支配的家庭时间；要转变用工观念，在提高农民工的"工具性回报"上加强引导，通过建立与经济发展水平相适应的工资增长机制、改善劳动环境、提高劳动安全保障，为农民工提供公平的发展空间和机会，提升农民工的工作获得感。

要引导流动人口依法维护自身权益。进一步降低法律援助申请条件，免于经济审查，最大限度地简化申请法律援助手续，推动法律援助向非户籍常住人口覆盖。整合司法行政部门、工会、团委、妇联、城乡社区等各部门的法律援助、法律服务、法律顾问等法律资源，建立统一的公共法律服务平台，推动依法维权便利化。

三、建立以政府为主、多元主体参与的劳动保护新格局

（一）及时建立以完善政府为主、多元主体参与的劳动保护新格局

发挥政府主导的作用。政府作为劳动保护治理体系的重要主体，要发挥宏观调控、顶层设计和政策制定的功能，要将劳动保护作为市场建设的主要任务纳入各级政府的工作议程，同时强化劳动保护在各级政府官员考核中的地位和权重。鼓励社会组织的参与。社会组织可以发挥志愿服务、教育培训和社会监督的作用，通过政府购买服务的方式鼓励社会组织为劳动者提供各类公益的教育保护课程和实践活动，提高农民工的劳动保护意识和能力，发挥社会组织的监督作用，帮助企业改善劳动生产环境。提升农民工的素质。劳动者的素质越高，越有利于开展劳动保护教育工作，提高农民工的职业安全权利意识和科学意识，打造高水平的生产队伍。

（二）加强劳动安全教育和自我预防意识培育，提升农民工的劳动保护能力

树立劳动安全教育是农民工基本权利的意识，大力推进劳动安全教育进企业、进社区和进家庭，形成全社会都重视和尊重安全教育等同于基本权利的理念氛围。要将劳动保护教育纳入劳动监管体系中，着力提升劳动者的岗位安全操作技能，加强对农民工的安全业务技能和应急处置能力培训，提高防范和抵御有害劳动环境的意识和能力。强化劳动保护和自我预防的社会化宣传教育，通过电视、网络等途径大力宣传劳动

安全教育和劳动保护能力教育，及时将劳动保护教育纳入职业资格考试和职业技能考核中，做到劳动安全和劳动保护教育的终身化。将劳动保护教育和企业文化建设相结合，推动劳动保护教育上升为企业文化的组成部分，促使农民工把自己的安全和企业的安全紧紧联系在一起，从而自觉自愿地遵守。

（三）加强对农民工的政治吸纳，拓宽农民工的政治参与功能

抓住群团组织改革契机，面向农民工公开选拔聘任各级团委专职副书记、工会和妇联专职副主席；进一步增加基层党代会、人大、政协中农民工代表（委员）的名额和比例；逐步扩大从生产经营一线的农民工中招考公务员和事业单位人员的数量和比例；完善村（居）委会特别委员制度，进一步扩大非户籍人口参加常住地城乡社区"两委"选举的试点范围，实现农民工参加常住地城乡社区建设协调委员会全覆盖；实行邀请农民工代表列席当地党代会等重要会议、参加法院庭审听审评议等制度，不断健全农民工政治参与机制，拓宽农民工的政治参与功能，从源头上保护农民工的合法权益。

四、加快推进制度创新，进一步强化公共服务供给

（一）深化户籍制度改革

统筹推进户籍制度改革和基本公共服务均等化，在保留农业转移人口土地承包经营权、宅基地使用权、集体经济收益分配权的前提下，让具备条件的常住人口领取户籍证落户城镇，暂不具备落户条件的领取居

住证，梯次享受城镇基本公共服务保障，使全体居民共享城镇化发展成果。进一步放宽符合稳定就业、稳定居住的农民工入户条件，把符合条件的农民工转为市民。在城市连续居住（以办理居住证为准）、连续参加社会保险达到一定时间的，有自有产权住房的，可申请入户城镇，不断提高户籍人口城镇化率。

（二）切实解决农民工子女入学等突出性民生问题

要将农民工纳入国民经济和社会发展规划，持续加大公共财政投入，不断增加公共服务供给，最大限度地满足农民工的民生需求。要从农民工最关心、最直接、最现实的利益问题入手，优先重点解决农民工最关心、最直接、最现实的利益问题；要着重解决农民工子女教育问题。通过新建、改扩建、内部挖潜等方式，不断加大公办中小学学位供给；改进积分入学方式，推行小学一年级、初中一年级以外的其他年级积分入学（空余学位拿出来积分入学）；加大向民办学校购买学位力度，探索通过购买教师岗位提高普通民办学校教育质量的新方式。

（三）强化对农民工的医疗、卫生、居住等公共服务的供给

在农民工居住密集的社区建立医疗卫生机构，增设廉价门诊，降低医疗费用；允许农民工及其子女以个人身份参加门诊基本医疗保险，解决门诊看病贵的问题。在工业区、园区周边配套建设公租房，优化公租房的空间布局，实现产城人融合；探索货币补贴方式，按照工作居住年限建立阶梯式货币补贴标准。大力发展公共交通，在农民工出行频繁的区域增设公交线路，降低农民工出行成本。

参考文献

一、专著类

［1］陈佩华，萧裕均．沃尔玛的供应商工厂：血汗劳动［M］//
赵明华，赵炜，范璐璐．中国劳动者维权问题研究——中国工会法 60
年与劳动法 15 年．北京：社会科学文献出版社，2011．

［2］胡荣．理性选择与制度实施——中国农村村民委员会选举的
个案研究［M］．上海：上海远东出版社，2001．

［3］清华大学社会学系"新生代农民工研究"课题组．困境与行
动——新生代农民工与"农民工生产体制"的碰撞［M］//沈原．清
华社会学评论（第 6 辑）．北京：社会科学文献出版社，2013．

［4］沈原．市场、阶级与社会：转型社会学的关键议题［M］．北
京：社会科学文献出版社，2007．

［5］弗朗西斯·福山．政治秩序和政治衰落：从工业革命到民主
全球化［M］．毛俊杰，译．桂林：广西师范大学出版社，2015．

［6］罗纳德·英格尔哈特．现代化与后现代化：43 个国家的文化、

经济与政治变迁［M］. 严挺, 译. 北京: 社会科学文献出版社, 2013.

［7］让·鲍德里亚. 消费社会［M］. 刘成富, 全志钢, 译. 南京: 南京大学出版社, 2001.

［8］苏黛瑞. 在中国城市中争取公民权: 农民工、国家与市场逻辑［M］. 王春光, 单丽卿, 译. 杭州: 浙江人民出版社, 2009.

二、期刊类

［1］蔡禾. 从"底线型"利益到"增长型"利益——农民工利益诉求的转变与劳资关系秩序［J］. 开放时代, 2010 (9).

［2］蔡禾. 国家治理的有效性与合法性——对周雪光、冯仕政二文的再思考［J］. 开放时代, 2012 (2).

［3］蔡禾, 王进. "农民工"永久迁移意愿研究［J］. 社会学研究, 2007 (6).

［4］蔡禾, 李超海, 冯建华. 利益受损农民工的利益抗争行为研究——基于珠三角企业的调查［J］. 社会学研究, 2009, 24 (1).

［5］陈映芳. "农民工": 制度安排与身份认同［J］. 社会学研究, 2005 (3).

［6］丁见民. 二十世纪中期以来美国早期印第安人史研究［J］. 历史研究, 2012 (6).

［7］冯仕政. 中国国家运动的形成与变异: 基于政体的整体性解释［J］. 开放时代, 2011 (1).

［8］胡荣. 理性行动者的行动抉择与村民委员会选举制度的实施

[J]．社会学研究，2002（2）．

　　[9] 何海涛，许涛．社会理性视野下的"民工荒"探索 [J]．西南民族大学学报（人文社会科学版），2005（12）．

　　[10] 李培林，李炜．农民工在中国转型中的经济地位和社会态度 [J]．社会学研究，2007（3）．

　　[11] 李培林，李炜．近年来农民工的经济状况和社会态度 [J]．中国社会科学，2010（1）．

　　[12] 李培林，田丰．中国新生代农民工：社会态度和行为选择 [J]．社会，2011，31（3）．

　　[13] 刘成斌．生存理性及其更替——两代农民工进城心态的转变 [J]．福建论坛（人文社会科学版），2007（7）．

　　[14] 郎晓波．从"生存"到"发展"：金融危机下的农民工问题——基于"60后、70后、80后"三代农民工进城心态差异分析 [J]．福建行政学院学报，2009（4）．

　　[15] 潘毅，卢晖临，严海蓉，等．农民工：未完成的无产阶级化 [J]：开放时代，2009（6）．

　　[16] 彭正德．民生政治：一种农民政治认同机制 [J]．当代世界与社会主义，2010（3）．

　　[17] 渠敬东，周飞舟，应星．从总体支配到技术治理——基于中国30年改革经验的社会学分析 [J]．中国社会科学，2009（6）．

　　[18] 全国总工会新生代农民工问题课题组．新生代农民工的诉求与对策建议 [J]．中国工运，2010（7）．

　　[19] 清华大学课题组．以利益表达制度化实现长治久安 [J]．学

习月刊, 2010 (23).

　　[20] 石海娥. 农民工权益保护的路径——访南京大学社会学院教授刘林平 [J]. 光彩, 2013 (9).

　　[21] 孙中伟, 黄鹏, 党曦. 从 "个体赋权" 迈向 "集体赋权" 与 "个体赋能": 21 世纪以来中国农民工劳动权益保护路径反思 [J]. 华东理工大学学报 (社会科学版), 2013, 28 (2).

　　[22] 文军. 从生存理性选择到社会理性选择: 当代中国农民外出就业动因的社会学分析 [J]. 社会学研究, 2001 (6).

　　[23] 王建民, 王昊午. 原住民艺术品归还的学术思考 [J]. 中南民族大学学报 (人文社会科学版), 2013, 33 (2).

　　[24] 王正中. 民工潮到民工荒: 当代中国农民的理性跃迁 [J]. 求索, 2006 (2).

　　[25] 王小章. 从 "生存" 到 "承认": 公民权视野下的农民工问题 [J]. 社会学研究, 2009, 24 (1).

　　[26] 王晓田, 王鹏. 决策的三参照点理论: 从原理到应用 [J]. 心理科学进展, 2013, 21 (8).

　　[27] 王洪伟. 当代中国底层社会 "以身抗争" 的效度和限度分析——一个 "艾滋村民" 抗争维权的启示 [J]. 社会, 2010, 30 (2).

　　[28] 徐勇. 农民理性的扩张: "中国奇迹" 的创造主体分析——对既有理论的挑战及新的分析进路的提出 [J]. 中国社会科学, 2010 (1).

　　[29] 熊波, 石人炳. 农民工永久性迁移意愿影响因素分析——以理性选择理论为视角 [J]. 人口与发展, 2009, 15 (2).

　　[30] 熊易寒. 新生代农民工与公民权政治的兴起 [J]. 开放时

代，2012（11）.

[31] 肖贵清，田桥.改革开放四十年中国特色社会主义话语体系的建构与演进 [J].东岳论丛，2018，39（9）.

[32] 杨宏力，宁朝山.西方不完全契约理论前沿进展——基于2005年以来的最新文献 [J].江苏社会科学，2012（1）.

[33] 袁成毅.国际法视野中的战争赔偿及历史演变 [J].浙江社会科学，2007（3）.

[34] 周雪光.权威体制与有效治理：当代中国国家治理的制度逻辑 [J].开放时代，2011（10）.

[35] WALDER A G. Local Governments as Industrial Firms：An Organizational Analysis of China's Transitional [J].American Journal of Sociology，1995，101（2）.

[36] FEHR，ERNST，OLIVER，et al. Contracts As Reference Points-Experimental Evidence [J].American Economic Review，2011，101（2）.

[37] HART M，MOORE J. Contracts As Reference Points [J].Quarterly Journal of Economics，2008，123（1）.

[38] HEATH C，LARRICK R P，WU G. Goals As Reference Points [J].Cognitive Psychology，1999（38）.

[39] KOOP G J，JOHNSON J G. The Use of Multiple Reference Points in Risky Decision Making [J].Journal of Behavioral Decision Making，2012（25）.

[40] KOSEZEGI B，RABIN M. A Model of Reference–Dependent Preferences [J].The Quarterly Joural of Economics，2006，121（4）.

[41] MASKIN E, TIROLE J. Unforeseen Contingencies and Incomplete Contracts [J] . Review of Economic Studies, 1999, 66 (1) .

[42] NEE V. A Theory of Market Transition: From Redistribution to Markets in State Socialism [J] . American Sociological Review , 1989, 54 (5) .

[43] NEE V. Social Inequality in Reforming State Socialism [J] . American Sociological Review, 1991, 56 (3) .

[44] PARISH W L, MICHELSON L. Politics and Markets: Dual Transformations [J] . American Journal of Sociology, 1996, 101 (4) .

[45] TIROLE J. Incomplete Contracts: Where Do We Stand [J] . Econoraetrica, 1999, 67 (4) .

[46] ZHOU X G. Economic Transformation and Income Inequality in Urban China Evidence from Panel: Data [J] . American Journal of Sociology, 2000, 105 (4) .

附录一：访谈提纲

一、请介绍您个人的基本情况，包括年龄、性别、教育程度、婚姻、出生地等。您是哪里人，今年多大了？到今天为止，您总共外出打工多少年了？您的第一份工作是在哪里，做什么工作？中间做过哪些工作，在哪些城市工作过？在这份工作之前，是在哪座城市，什么工厂工作，是什么工作岗位，当时做这份工作时，距离您外出打工有多少年了？有没有结婚？有没有小孩？若有小孩的话，小孩是在老家还是跟你在打工地生活？子女有没有上学，是在老家上学，还是在本地上学？

二、您出来打工时是什么学历？打工过程中，有没有再去学习培训，有没有在工厂受过什么培训，有没有获得过什么职称证书？有没有参加过政府提供的免费培训，有没有参加过厂内的职业培训和技能培训？目前有多少个职业资格证书，分别是什么类型的？

三、您外出打工的情况。第一次外出打工是自己出来的，还是跟父母、亲戚、朋友、同学出来的？自己出来的，是直接从学校毕业到工厂工作，还是在家待了一段时间或在老家做了别的什么工作，再出来打工的？外出打工是自己的选择，还是家庭的决定，有没有跟一家人一块儿商量，还是自己就能够做决定的？

四、父母家庭情况。您母亲今年多大了？您母亲的教育程度是怎么样的？是在家务农还是在外打工？若在外打工的话，跟你是在同一个城市吗？若在家务农，需要帮忙带小孩吗？您父亲今年多大了？您父亲的教育程度是怎么样的？您父亲是做什么工作的？在家工作还是在外工作呢？若在外打工的话，他至今在外打了多少年工？您外出打工是跟自己的父母出来的？父母有没有要求你跟他们一块儿出来工作呢？你是怎么选择的？为什么？

你觉得你的家庭经济地位怎样？在老家处于什么样的位置，就是跟周围的邻居相比？在城市里面处在什么样的位置，您就总体判断一下？这么多年来，您家庭是不是都依靠父母和你在外打工的收入？你知道父母一年存多少钱回家吗？你一年打工的收入是自己存起来，还是交给父母，交给父母大概有多少钱呢？您家里是在老家建房还是在外面买房，若在外面买房，是在本地乡镇买，还是本地县城买，还是其他地方买呢？

五、工作状况。请详细说一下自己的工作状况及工作变动情况。在现在的工作岗位上工作，在工作收入、工作时间、工作岗位、劳动环境、劳动保护等方面怎么看？上个月的工作收入有多少，其中加班工资收入多少？这个月的工资收入有多少，其中加班工资收入有多少？一般每天工作时间有多少，不包括加班时间的话，一般每天工作几小时，算上加班，一般每天工作几小时呢？加班多不多？是自愿加班还是被要求加班的呢？公司的生产和管理有没有严格按照国家的制度政策执行呢？你觉得工厂的管理怎样，在你所工作过的工厂企业中处于什么水平呢？

六、食宿情况。工厂包吃包住吗？你是自己租房居住，还是住在工厂宿舍？工厂宿舍的条件怎样呢？几个人一间房，每个月需要交多少钱呢？工厂有提供工作餐吗，还是自己在外面吃？工厂的伙食怎样？一餐需要交多少钱？你是选择在工厂吃还是选择在外面吃呢？平时有没有经常外出聚餐呢？一般是跟谁聚餐呢？一般每月外出用餐需要花费多少钱呢？

七、休闲娱乐情况。您对公司的休闲娱乐设施怎么评价呢？自己平时有没有经常外出旅游呢？每年用于手机上的消费大概是多少呢？每天使用手机大概是多长时间呢？用手机是工作，还是自己玩游戏、听音乐、看影视剧或者刷短视频呢？每月用于购买各种游戏、影视等方面的支出大概是多少呢？平时外出玩，主要是做些什么事情呢？

八、自动化生产的影响。所在工厂中，是全部进行了生产自动化，还是只有部分岗位进行了生产自动化，被机器人替代的工作岗位主要是哪些？您现在的工作岗位一共有多少人呢？主要从事什么生产，工作形式是以体力为主吗？工作内容是重复生产吗？

被替代的农民工的出路。被机器人替代是整条生产线，还是只有你们的工作岗位？倘若被取代的是整条生产线，那么整条生产线的工人都去哪里了？是继续留在工厂工作，还是被转移到其他工厂或工作岗位去了，留在工厂工作的是什么人，被转移到其他工厂或工作岗位的又是什么人？离开工作的人有多少，离开后你知道他们做什么工作去了吗？

九、社会保障。您知道国家的社会保障体系吗？在工厂有没有签订劳动合同，有没有缴五险一金？公司的社会保障是否都依法依规运行？当您的合法权益受到侵害时，您会怎么做？您对自己的社会保障满意吗？当您不打工时，您的社会保障怎么办？您不打工了，准备干什么呢？

十、权益保障。您如何看待中国今天的发展成就和地位？您对国家和政府的信任是怎样的？您对十八大以来，党的一系列政策制度如何评价？您如何看待您跟国家的关系？您有问题和困难，会向谁寻求帮助呢？您对国家和政府最大的期待是什么？